浅井長政像（滋賀県立安土城考古博物館蔵）

小谷城跡（空撮）　平成22年４月19日撮影

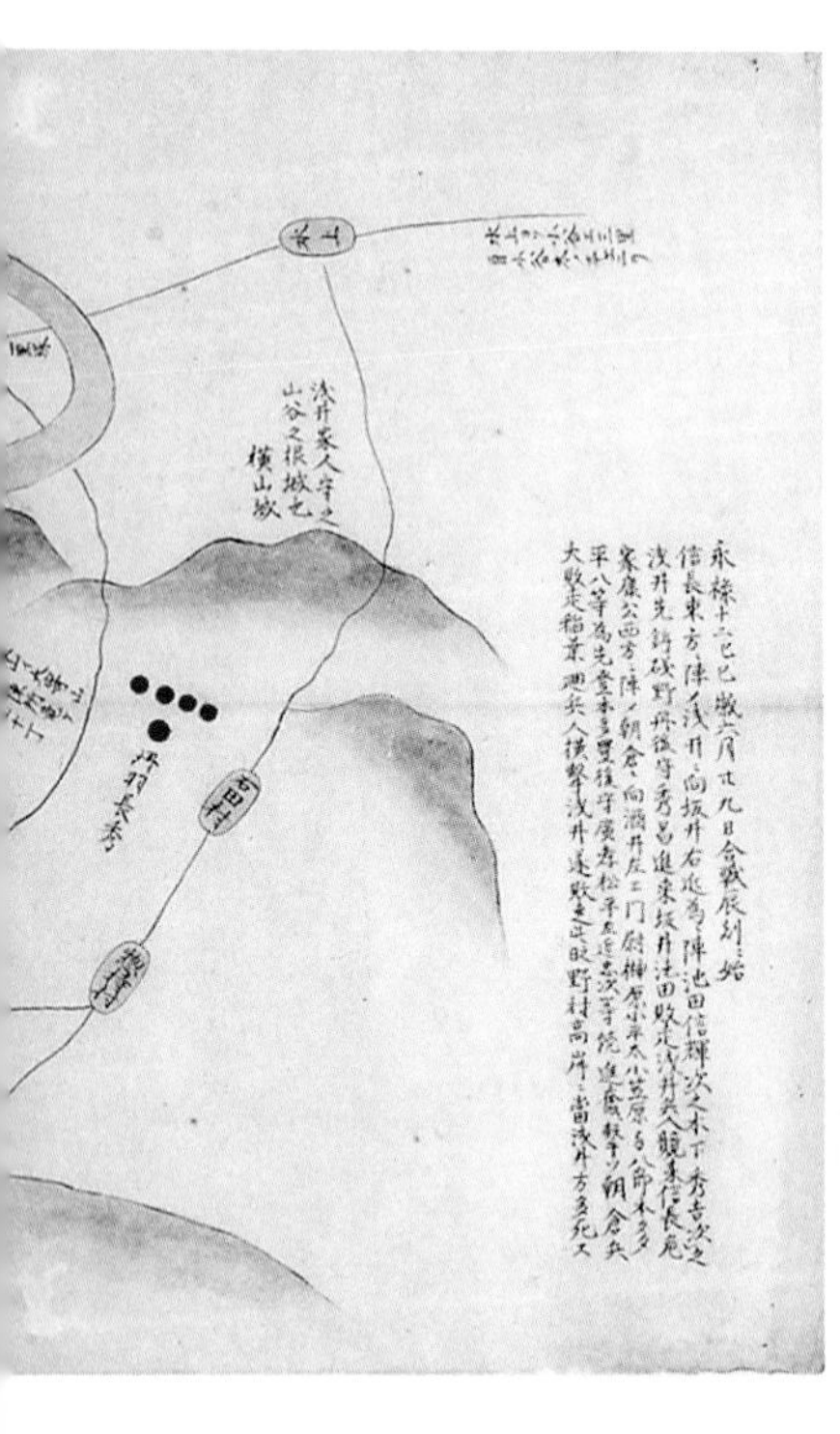

浅井長政自刃の地(小谷城赤尾屋敷跡)

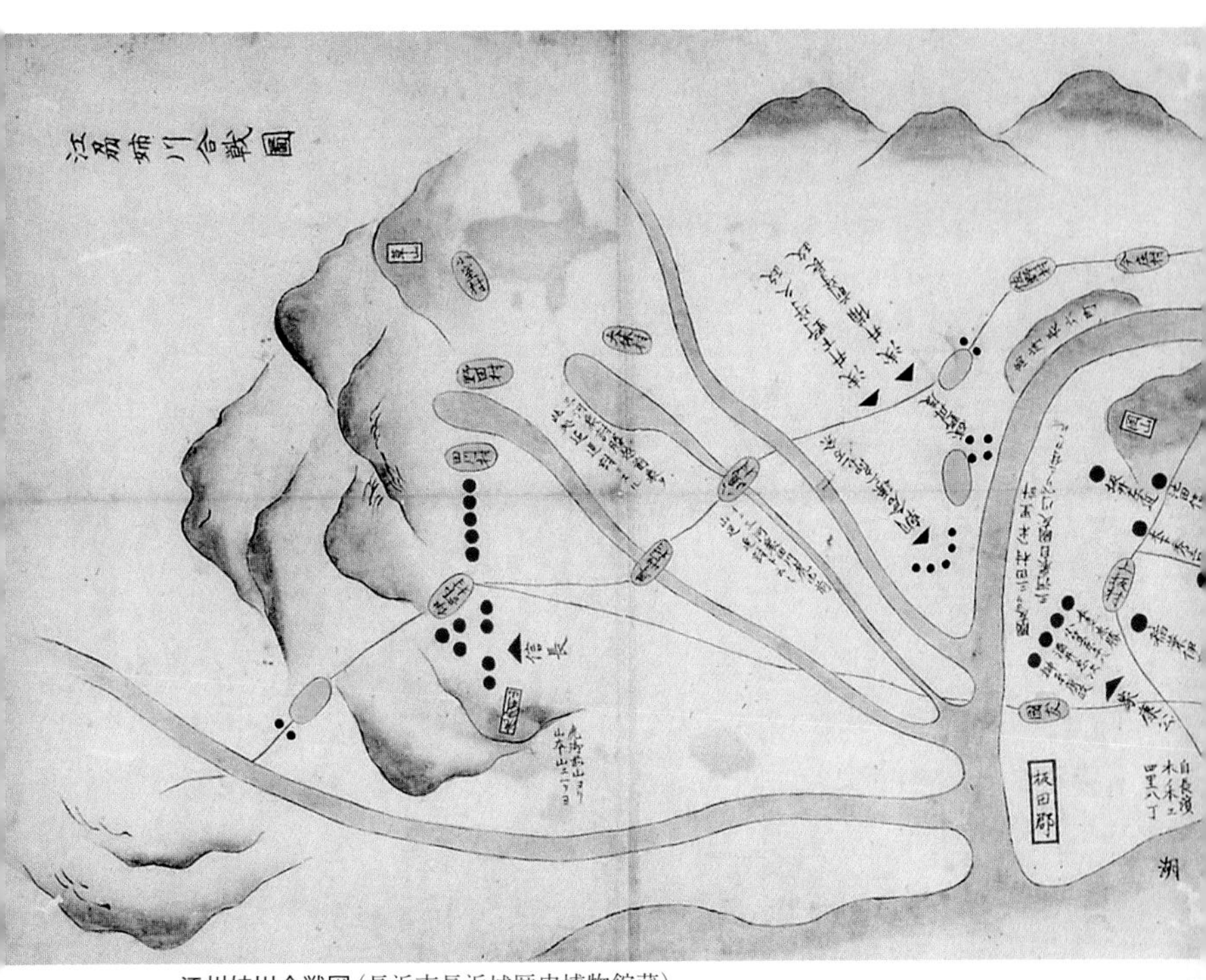


江州姉川合戦図（長浜市長浜城歴史博物館蔵）

真柄十郎左衛門直隆の大太刀振るい
（姉川合戦図屛風　部分）

姉川合戦図屛風（福井県立歴史博物館蔵）

浅井長政像（小谷城址保勝会蔵）

淡海文庫46

# 浅井長政と姉川合戦

増補版

—その繁栄と滅亡への軌跡—

太田浩司 著

SUNRISE

# 目次

※本文中に、【1】～【23】の記号がある古文書は、巻末の釈文集に全文を翻刻した。

# 増補版にあたって

本書を出版して早くも十二年が経過した。この度、出版社から再版のお話しがあったが、せっかくなら二本ほど論考を加えて、増補版とすることにした。第三章の「浅井氏家臣の館『下坂氏館跡』」と、第五章の「地図・絵図類から探る姉川合戦」の二本である。

前者は『長浜みーな』一四一号（特集　再録　近江城郭風雲録、二〇二〇年）に掲載された「戦国大名家臣の屋敷が眼前に！〜国指定史跡「下坂氏館跡」の凄いところ」を再掲したもの。後者は渡邊大門編『信長軍の合戦史』（吉川弘文館、二〇一六年）に掲載された「姉川合戦と戦場の景観」の一部を再掲したものである。

この二本の追加により、より多角的に長政や姉川合戦を考えることが出来るようになったと思う。

令和五年九月

著者

# はじめに

浅井長政は、天文十四年（一五四五）に生まれ、信長の妹・市と結婚し、少なくとも三人の姉妹をもうけた。長女の茶々（後の淀）、次女の初（後の常高院）、三女の江（死後、崇源院と呼ばれる）の三姉妹である。長政の長男・万福丸が実在したことは『信長公記』に載るので確実だが、市の子かは分からない。また、次男の万菊丸（万寿丸）は、良質な史料に一切登場しないため、その実在自体は不明確と言えよう。しかし、この万菊丸については、多くの伝承を生んでいる。元亀四年（一五七三）九月一日、浅井長政は小谷落城と共に自刃して果てた。実に二十九歳の若さであった。

仮にも、浅井長政という人物を主題にした本である限り、彼の性格や信念について知りたいと思うのが読者の心理であろう。しかし、本書はこの点については、極めて禁欲的である。なぜなら、浅井長政が残した信用に足る史料からは、彼の心情や思想がほとんど読み取れないからである。浅井三姉妹を如何なる思いで見送ったかはもちろん、なぜ信長を裏切って朝倉義景に味方したか、こんな政治的に重要な事項の理由すら、長政が残した史料は何も語らないに等しい。本書では、残された史料から、なるべく長政の心理を読み取る努力はした。しかし、それは十分描き切れていない。描くだけの史料がないからである。そこは、江戸時代の軍記物を含めて、小説やドラマにお任せするしかないだろう。

しかし、本書では長政を取り巻く政治的状況や事象について、従来なかった新しい見解を提供していると自負している。たとえば、浅井・朝倉同盟などは本来存在せず、信長への離反は朝倉との同盟の故ではなく、反信長包囲網の一員となるための選択であったこと。また、姉川合戦は浅井・朝倉軍の大敗とは決して言えず、従来の合戦観には徳川時代の歴史観が多大に影響していること。それに、小谷城は最初、琵琶湖側つまり西側が正面で、後に清水谷を中心として南側が正面に変わったこと、などなどである。

最近、日本史上の常識を見直す研究が多く発表されている。たとえば、あの長篠合戦での火縄銃の三段一斉射撃はなかったとか、秀吉の墨俣一夜城も根拠ないものであったとかである。さらに、髭面で達磨のような武田信玄像も、本人ではなかったという絵画史料の見直しも進んでいる。日本史の中で特に戦国史は、江戸時代以来様々な逸話が、講談や映画・演劇で演じられ、多くの常識を生んでいる。しかし、「戦国の常識」は意外と根拠がないものが多いのである。それは、江戸時代に作り上げられた常識だったりする。我々は、この根拠ない「戦国の常識」を排除し、なるべく信頼できる史料を使い、歴史の真実に迫る必要がある。この著作も、いくつかの浅井氏についての常識に疑問符をつけた。これが、本書の最大の売りであろう。

他方、多くの読者が長政研究に期待する内容として、長政の子どもたちの行方があろう。あるいは、浅井氏の子孫についての興味とも言えるかもしれない。これについて、本書が期待外れであることは、最初にお断りしておく。本書は、長政という人物と、彼が生きた政治状況を解説するものであって、彼の子孫の事績からは、長政本人について迫る材料は何も得られないと考えているからである。

長政の魅力は、やはりあの信長と三年間にわたり死闘を繰り広げた末、潔く自刃したことにあろう。比較して申し訳ないが、江南の戦国大名・六角承禎が信長の攻撃を受け、一日にして甲賀へ逃亡し、その後も何度となくゲリラ的に信長に敵対し続けたのと比して、浅井長政の武将としての「品格」は、数段優れていると理解されている。その長政が、果たしてどういった時代の中で、どのように生きたか。この事実を、史料に基づいて忠実に再現しようとするのが、本書の狙いである。よって、巻末には本書が根拠とした古文書の釈文も掲載した。この点は、ちょっとした浅井長政史料集としての役割を担っている。

平成二十三年十月

著者

# 一　戦国大名浅井氏の歴史

「浅井亮政出生の地」石碑　長浜市小谷丁野町所在（辻村耕司撮影）

## 「あざい」か「あさい」か

浅井長政を語るにあたって、本書の冒頭で触れておかねばならない課題は「浅井」の読み方である。名字である「あざい」の「さ」の字を濁音で読むか、清音で読むかが地元でも大いに議論になる所なのだ。小和田哲男氏は、平成八年(一九九六)に放映された大河ドラマ『秀吉』の時代考証に当たってのエピソードとして、次のようなことを記している。

### 現代と古代の読み方

浅井長政は、それまで、「あさいながまさ」と、「あさい」の部分は濁らずに発音していた。ところが、私自身の経験で、滋賀県の現地では、「あさい」と発音せず、「あざい」と濁って発音しているのである。郡名の東浅井郡も「あざい」だし、町名の浅井町も「あざいちょう」である。時代考証の席で、「あざい」が正しいと主張し、「あざいながまさ」となった。

東浅井郡も、浅井町も近年の市町村合併で消滅、長浜市となり「浅井」の行政地名がなくなったのは残念であるが、今でも地名を冠する浅井中学校や浅井歴史民俗資料館などの施設は、「あざい」と発音する。滋賀県北部では、地名の「浅井」を「あさい」と発音する人はいないことは事実なのである。

一方、宮島敬一氏はその著『浅井氏三代』で以下のように述べる。

浅井は「あさい」と訓じる。近時、事典類にも「あざい」とあるが、承平年間（九三一～九三八）成立の『和名類聚抄（わみょうるいじゅうしょう）』に「あさい」と訓じてある。また、古代・中世に「浅井」以外の表記はなく、本来「浅」を「あざ」と訓ずることはない。近世になって濁ったようで、古本の『節用集』（黒本本）に記載はなく、近世に流布した『節用集』（易林本）に「あざい」とあるが、そこでは朝倉も「あざくら」とする。両『節用集』に内容の大差・誤記があることは周知のことである。

ここでは、古代の『和名類聚抄』を主な根拠として、浅井は「あさい」だと主張されている。長政が活躍した一五〇〇年代の後半を基点とすれば、『和名類聚抄』の時代は約五百年遡り、現代は約四百年下った時代となる。その意味では、古代を根拠とする宮島氏の論と、現代を根拠とする小和田氏の論は、互角と言えるかもしれない。

## 戦国・織豊時代の読み方

それでは、浅井長政の時代に、「浅井」を濁音で読むか清音で読むかを記した史料はないのだろうか。戦国前期の公家・鷲尾隆康が記した日記『二水記（にすいき）』に、大永五年（一五二五）、六角定頼が浅井氏の小谷城を攻撃した時の記述として、「中書（京極高清）被官アサイ城、此間六角少弼（しょうひつ）（定頼）攻之（これをせむ）」とある。記述した鷲尾隆康が地方武士である浅井の漢字を知らなかった為、幸いにも片仮名で表記してくれている。しかし、前近代の日本においては、読みが濁音であっても、仮名にも濁点をつけるという慣行がなく、これを「あざい」と読むか「あさい」と読むかは、文字面からは判断がつかないのである。

こんなエピソードもある。長浜市の郷土史研究家・中島孝治氏から聞いた話だが、滋賀県坂田郡米原町（平成十七年に、坂田郡内の他町と合併して米原市となる）は、昭和三十一年の町制施行の段階において、町名の読み方について「まいばら」か「まいはら」かを古文書で確かめようとした。中島氏を含む郷土史研究家が招聘され、この点を議論したようだが、古文書上の濁点不表記の壁に阻まれ結論が得られなかったという。結局、町名は古文書上の表記通りの「まいはら」となった。しかし、国鉄・JRの駅名は「まいばら」で以後も通され、町名と駅名が相違する状態が最近まで続いていた。平成十七年に米原市が成立すると、「まいばら」の読みが採用されて、この矛盾が解消された。ただ、名神高速道路と北陸自動車道の分岐点は、今も「まいはら」ジャンクションであり、北陸自動車道のインターチェンジ名も「まいはら」で、今後も改められる気配はない。米原の場合も、濁音・清音の問題は未解決のままなのである。

## 徳勝寺伝来文書から考える

私も「あざい」・「あさい」論を気にしていた矢先、桐野作人氏から浅井に濁点をうった史料があることを知らされた。『大日本史料』第十編之十七（天正元年八月廿七条）に載る〔南部文書〕である。これは、浅井氏の菩提寺である徳勝寺第九世楊厳文洲が、慶長十六年（一六一一）七月一日に、浅井三代の「御ちやたうどころ」の建立を幕府関係者に嘆願した書類である。当時、徳勝寺は秀吉によって小谷から移され、長浜城内にあったと推定されるが、「御ちやたうどころ」は、「御茶堂所」と書いて位牌所を指すと見られる。この文書の中では、浅井氏と徳勝寺の密接な関係を縷々述べているが、徳川将軍の正室であった江（浅井長政三女）やその周辺の侍女を狙って嘆願した文章の為か、仮名文字主体で文章が綴られている。

そこで、浅井亮政については「あさい」、浅井久政については「あさい」、浅井長政については「あざい」、浅井三代については「あざい」と表記している。同じ本の中でも表記が異なるのである。（南部文書）に収蔵された本書は、一周忌制作の浅井長政像（滋賀県指定文化財、現在は小谷城址保勝会蔵）や、後述する「徳勝寺授戒帳」と共に、同寺から明治期に流出し、浅井郡青名（長浜市湖北町青名）の郷土史家・南部晋氏の許にあったもので、江戸時代には徳勝寺に所蔵されていたものである。その徳勝寺から幕府関係者への嘆願書である本書は、原本が発信者の許に残るはずがなく、その写であると考えられよう。事実、『大日本史料』の掲載文には、花押も印もなく写の形態を示している。

実は本書の別の写が、現在も徳勝寺に「慶長十六年徳勝寺楊厳和尚之願書」として残っている。「南部家」と印刷された用紙に記されており、南部晋氏によって明治期に制作されたものである。

『大日本史料』に掲載された「南部文書」のさらなる写か、同系統の写と判断される。こちらの方の浅井の表記は、四箇所ともの「あさい」なのだ。冒頭には「あふみの国おだにのさんしやう」とある。「近江国小谷の山城」のことであるが、ここでは小谷にわざわざ「おだに」と濁点をふっている。しかし、本文には小谷を「おたに」と表記している所もあるので、これも「浅井」が「あさい」である絶対的証拠とはならない。

## 結論がない結論

ここで、私は「あざい」か「あさい」かに決着をつけるつもりであったが、議論は堂々巡りで、結論は得られないという結論に至ってしまった。「まいばら」か「まいはら」の変遷も示すように、地名・人名は「生き物」であり、何が正しいという議論はそもそもナンセンスなのかもしれない。つまりは、浅井三代やその後の三姉妹の活躍時期の中でも、「あざい」・「あさい」の読みは変化していったのかもしれない。とすれば、「浅井」の読みを確定したいという願望は、現代人のエゴにも思えてきた。

本書ではとりあえず、現代の読み方である「あざい」を尊重し、浅井長政は「あざいながまさ」と呼ぶことにして先に進みたい。もっとも、本書での表記は浅井氏・浅井長政のごとく漢字であって、以上の考証を反映できないことは勿論である。それでも、今でも多くの方々が疑問に思っていることなので、敢えて冒頭に話題として取り上げてみた。

# 戦国大名浅井氏の台頭

## 北近江の戦国時代

約百年の歴史を刻んだ、北近江の戦国時代は、文明二年（一四七〇）の京極持清（もちきよ）の死去から始まった。その後、京極家内の内紛や家臣との抗争を繰り返しつつも、持清の孫とも子とも言われる京極高清（たかきよ）が、上平寺（じょうへいじ）城（米原市上平寺所在）を基点に、北近江の支配権を持続したのが戦国前期の情況であった。

北近江の戦国時代のちょうど中頃、大永三年（一五二三）に「大吉寺梅本坊の公事（くじ）」が起きる。この事件の内容はまったく不明であるが、『江北記（ごうほくき）』に記された内容からすると、上坂（こうさか）信光（家信の子）が補佐する京極高清政権に対する、浅見氏・浅井氏・三田村氏・堀氏などの京極氏家臣のクーデターであった。この乱によって、家臣たちが当主として推したのが京極高清の長男・高広（高延・高明）であった。次男の高慶も上坂氏に推され、以後湖北で湖南の六角氏に同調する動きを繰り返し、高広との対立を深める。

## 浅井亮政の台頭

一方、京極氏家臣の中からは、浅井郡丁野（ようの）（長浜市小谷丁野町）出身の国人・浅井氏が台頭、その当主亮政（すけまさ）は次第に家臣団中の盟主と目されるようになり、

**浅井亮政夫妻像**（徳勝寺蔵）

浅井亮政と夫人蔵屋の木像。旧厨子裏書から東福門院（1607～78）に仕えた加賀藩浅井一政の妹が作らせたものという。

小谷城を本拠とし戦国大名化していった。浅井氏の勢力伸長の中、京極高広政権は浅井亮政の子・久政（ひさまさ）期の天文末年に至るまで存続し、奉行人など一定の官僚組織を維持していた。浅井亮政・久政は、この京極高広を湖北の守護と認め「御屋形様（おやかたさま）」と呼び、その存在を尊重しつつ大名化を果たしていったのである。

浅井氏は久政の後、永禄三年（一五六〇）に長政が家督を相続する。長政の時代に至ると、京極政権の姿はまったく記録上から消える。浅井氏政権の独立は、この時初めてなされたとする考え方もある。なお、京極高慶の行動も、高広とほぼ同時期まで追え、高広を戴（いただ）く浅井氏と対立した。

## 六角氏との戦い

さて、大永三年の混乱が終息した後、一時は浅見貞則が国人たちの盟主となったが、大永五年（一五二五）までには浅井亮政が、一度尾張に追い出した高清を、完成間もない小谷城に迎え、浅見氏にかわって実権を握ったと考えられている。その後、京極氏の内紛と北近江の国人たちの争いにつけこんで、北部（近江北部）にまで勢力を拡大しようとする六角高頼の軍との戦闘に、亮政は生涯悩まされることとなる。

合戦は数度に及ぶが、享禄元年（一五二八）八月十三日の内保（うちぼ）河原（長浜市内保町）の合戦や、享禄四年（一五三一）四月六日の箕浦（みのうら）河原（米原市箕浦）の合戦、天文七年（一五三八）九月十二日の国友河原（長浜市国友町）の合戦などが有名である。ただ、いずれも雌雄を決するには至らなかった。

さらに、浅井亮政は天文三年（一五三四）八月二十日に、京極高清・高広親子を小谷城清水谷（きよみずだに）の館に招いて、宴をはり、もてなしている。この酒宴は、きわめて政治的な意味を色濃く持っている。浅井亮政が京極親子を、自らの館に招き接待することで、浅井氏が京極氏の筆頭家臣であり、湖北支配の実権を掌握していることを、内外にアピールすることができたからである。

## 浅井久政の家督相続

天文十一年（一五四二）正月六日、浅井亮政が死去した。浅井氏は、亮政の子である久政が家督を相続する。この二代目久政の時代は、前代の亮政の時代や後の長政の時代と異なり、六角氏との戦闘がない時代であった。事実上、六角氏の旗下に入っていた時代である。六角定頼の花押（かおう）と久政の花押が類似していることは、そのことを象徴的に示している。久政が無能の当主として、『浅井三代記』などの軍記物に描かれるのは、亮政や長政とは異なり、六角氏に対して融和路線をとったことが、軟弱と受けとめられたからである。

天文は二十三年で終わり、年号は弘治と変わる。この弘治年間（一五五五～五八）は、足利義輝と細川晴元にうち勝った三好長好政権の全盛期であり、京都付近の政情は極めて安定していた。これまで室町将軍家を支援するため戦ってきた六角氏も、京都及び近江では大きな合戦を行なっておらず、国内政治に専念できた唯一の時期といわれる。また、その余裕からか伊勢侵攻を弘治二年から三年にかけて行なっている。浅井氏は、この遠征に従軍しており、ここでも六角氏傘下として動く浅井氏の姿を確認することができる。

# 浅井長政の生涯

## 浅井長政の家督相続

永禄二年（一五五九）正月、新九郎と称した後の浅井長政が元服した。十五歳のことだった。六角義賢から一字（偏諱）を得て、初めは「賢政」と名乗っている。さらに、六角氏の家臣である平井定武の女を妻として迎えた。これは、久政の意向を受けたもので、六角氏に従うことで、浅井氏政権を保つための布石であった。

しかし、浅井氏の政権内には、亮政時代からの対六角強硬策をとなえるグループがあり、これ

浅井長政夫妻像（滋賀県立安土城考古博物館蔵）

が長政の元服を機に一気に勢力を得た。同年四月には平井の女を親元へ送還して離縁し、翌年の永禄三年（一五六〇）八月に愛知郡野良田（彦根市野良田町）で六角氏と合戦し、浅井氏は歴史的な勝利をあげている。この前後に、久政が引退し長政が家督を相続した。

これら一連の動向は、浅井久政の親六角氏策を批判しつつ、長政を当主に担ぐグループの台頭を意味している。ここに、浅井氏は六角氏と戦いながら、領国を保持するという亮政時代の政策に回帰したことになる。

## 浅井氏の勢力拡大

永禄四年（一五六一）五月頃、浅井賢政は「長政」と名を改めた。「賢」の字は、六角義賢から一字下賜されたものであったが、「長」

は織田信長の一字と解すことができる。浅井長政の改名は、長政と信長の妹・市との婚儀、すなわち浅井─織田同盟の成立による改名であったと、私は理解する。この点は、後で詳しく述べる（46頁）。

永禄六年（一五六三）、六角義弼は、突然その家臣後藤賢豊親子を、観音寺城で殺害した。世に言う観音寺騒動の始まりである。これにより、従来からくすぶっていた六角家中の当主と家臣団の対立が表面化し、六角氏の力は大きく低下していく。これに対し浅井氏は、観音寺騒動に際して愛知郡まで兵を出し、湖東地域までその勢力を伸ばした。さらに、翌年には初めて湖西高島郡内で所領宛行を行なっている。

永禄十一年（一五六八）二月には、甲賀山中氏と同盟を結び、同年十一月には誓紙を高島郡の朽木氏に送り、朽木氏所領保全を約束している。このような本来の湖北三郡をはるかに超えた勢力との同盟から、浅井氏勢力が六角氏領国を大きく侵食していたことを読み取ることができる。この永禄末年が、戦国大名浅井氏の最盛期と考えられる。それを象徴するように、長政の花押は、この時期のものが最も伸び伸びとしており雄大である。

## 浅井長政の決断

浅井氏の全盛は、上洛を果たした織田信長が、元亀元年（一五七〇）四月に越前朝倉氏を攻めたことで一転した。

元亀元年（一五七〇）四月二十五日、織田信長は朝倉義景を討つため、越前敦賀まで進軍していた。この日、手筒山城・金ケ崎城を落とし、木芽峠を越えて朝倉氏の本拠・一乗谷に迫ろうとしていたが、突然北近江の浅井氏が謀反したとの情報を聞いた。信長は耳を疑ったという。浅井氏の当主長政は、自らの妹・市の夫であり、長政を「縁者」と見ていたからである。

この時、浅井長政が織田信長に背き、越前の朝倉義景と好を通じた理由は、長政の祖父である亮政時代以来の浅井―朝倉同盟があったからと一般には説明される。亮政は守護京極氏の権力を奪い、湖北の支配権を確立した。その過程で、湖南の六角氏による侵攻に再三悩まされたが、その都度越前の朝倉氏の力をかり難を逃れたとされる。祖父の時代からの朝倉氏との同盟は、長政の時代になってからの信長との同盟よりも、強かったと説明される。

しかし、最近になって佐藤圭氏は、この亮政時代の浅井―朝倉関係について、再考を促す貴重な研究成果を明らかにされている。

## 朝倉教景は浅井氏を攻めた

浅井氏台頭間もない大永五年（一五二五）五月、六角定頼は小谷城の浅井亮政を攻めた。この時、一般には朝倉教景（宗滴）は浅井氏を救援するため、小谷城に向かったと言われる。小谷城主要部の南方にある「金吾丸」は、その時教景が陣した所と伝えられている。

この教景による浅井氏救援の話は、『浅井三代記』や『朝倉始末記』などの軍記物によったもので、信頼すべき史料には一切記されていない。

逆に、『朝倉家伝記』の記述によれば、教景は浅井氏と敵対する六角定頼を援助するために出陣し、小谷城の浅井亮政を攻めたと記している。『朝倉家伝記』は、永禄十二年（一五六九）に成立した朝倉氏研究の第一級史料であり、その記述の信憑性は軍記物の比ではない。また、『古文状』という史料には、写しであるが六角定頼が朝倉氏同名衆の三反崎氏に宛てた、大永六年（一五二六）七月十日の書状【1】が掲載されている。そこでは、前年の教景の北近江出陣について謝意が表されている。佐藤氏は、以上の事実を明らかにしたのである。

この解明により、浅井氏と朝倉氏は亮政時代に強固な同盟関係にあったように考えられてきたが、実はそうではなかったことが分かった。大永五年の教景合力が事実でないとすると、この時代の浅井―朝倉同盟を証明する史料は、何一つ存在しないのである。両者の同盟は、孫の浅井長政の時代、元亀元年（一五七〇）の姉川合戦まで史料上には現れない。とはいえ、元亀元年になって突然成立したものでもないだろう。同盟成立の時期を確定しておく必要がある。

## 「賢政」から「長政」へ

実はこの点も、佐藤氏の研究に頼らなければならない。永禄五年（一五六二）五月から八月にわたって、朝倉義景は小浜の武田義統を救援するため、敦賀郡司の朝倉景紀を若狭に派遣する。この景紀が、亮政の子である久政に宛てた書状が、『脇坂文書』に一通残っている。そこには、若狭での戦闘の状況を説明するとともに、出陣中の景紀に対して、久政が書状を度々送ったことに対する礼が述べられている。佐藤氏は、戦時においてさえ書状の往復があるのだから、平時においても両者は懇意であったとみる。そして、浅井―朝倉同盟も、この頃から始まったのではないかと推定する。

この永禄年間の初頭は、浅井氏にとって重要な時期であった。二代目久政から三代目長政への転換期に当たるからである。久政の時代、父の亮政の時代とは反転して、六角氏とは友好関係にあった。しかし、この友好関係は、浅井氏が六角氏の旗下に入る形で成立していたものであった。それは、六角氏の一家臣に過ぎない平井定武（ひらいさだたけ）の女（むすめ）を、長政が室としていた事実や、六角氏の当主「義賢（よしかた）（承禎（じょうてい））」から一字をもらい、長政が「賢政（かたまさ）」と名乗っていた事実に表れる。

その後、六角氏は浅井氏と決別した後、永禄二年（一五五九）には承禎が、子の義弼（よしすけ）と朝倉義景の女（むすめ）との婚儀を成立させようと動いている。さらに翌年には、六角氏宿老が義弼と美濃斎藤氏の女との婚儀を画策し、承禎と対立している。

このように、永禄二年から四年までは、近江・美濃を中心とした政治地図が大きく塗り替えられようとしていた。この状況で、浅井―朝倉同盟が、浅井―織田同盟と、ほぼ同時期に成立したと私は考える。これは、先の佐藤氏の考えと矛盾しない。浅井氏にとっては、南の六角氏と対立するため、北の朝倉氏との和平は望むところであった。一方で、朝倉氏も加賀一向一揆との対立を抱え、また若狭への軍事介入を行なっている時期であり、近江との対立は望むところではなかった。六角承禎が画策した朝倉氏との婚儀が、結局は実を結ばなかったのも、朝倉氏側の浅井氏に対する配慮があったためではないか。

確かに、浅井氏領国の南や東には「境目の城」が多く置かれたが、朝倉氏との国境である北には「境目の城」が置かれなかったという事実はある。しかし、これは朝倉氏が加賀や若狭との対立を意識し、近江には攻め込む意思も余裕もないことを、浅井氏は十分承知していたからであろう。いわば暗黙の不可侵条約であり、軍事同盟といった内容ではなかったと推察できる。

## 反信長包囲網への参加

元亀元年(一五七〇)四月の浅井長政の決断は、朝倉氏との単一同盟を重視したものではない。武田信玄をはじめとする、本願寺・一向一揆・比叡山・三好三人衆・朝倉氏によって構成された反信長包囲網に加わることを表明したと考えるべきだろう。『毛利家文書』に残された同年七月十日付けの織田信長朱印状には、浅井氏は近年「家来」となったが、謀反するとは許しがたいと述べている。これが信長の意識であった。長政は、このまま信長との同盟を続ければ、その家臣団の一部に包摂され、一大名としての独立性を失うと判断したのである。多くの勢力と協調し信長を倒した後、再び大名としての独立性を保とう長政は決断したのである。しかし、これは結果的には大きな判断ミスであった。

## 女性から見た浅井氏の系譜

### 浅井氏の祖先

浅井氏の祖先、すなわち亮政以前については史料が少なく明確なことが分からない。ここでは、『東浅井郡志』により概略を述べておく。浅井氏惣領家は直政の代に至り、男子がなかったので、その嫡女・蔵屋に庶子家から亮政を夫として迎え跡を継がせた。亮政の実父は直種といい、すでに文明年間（一四六九～八七）より史料に現れ、浅井氏を代表して活躍している。おそらく、早世した直政の父、すなわち自らの兄に代わり、幼少な直政の補佐をしていたと考えられる。さらに、亮政には実兄の政種がいた。

直政は『竹生島文書』に二通の寄進状を残している。一つは、明応九年（一五〇〇）三月十二日に高島郡内の土地六段余を竹生島弁才天へ寄進した文書で、もう一つは、翌年二月九日に浅井郡田河庄丁野郷内の三段の田地を同じく竹生島弁才天へ寄進した文書である。前者は浅井後室慶集との連署の形をとっているが、この慶集は「徳勝寺授戒帳」（108頁参照、一般財団法人 下郷共済会蔵）での「文和慶集」と推定され、直政の母ではないかと『東浅井郡志』は推定している。「竹生島文書」に「後室」とあるので、すでに未亡人であったことが分かるが、この点から直政の父

# 浅井氏系図

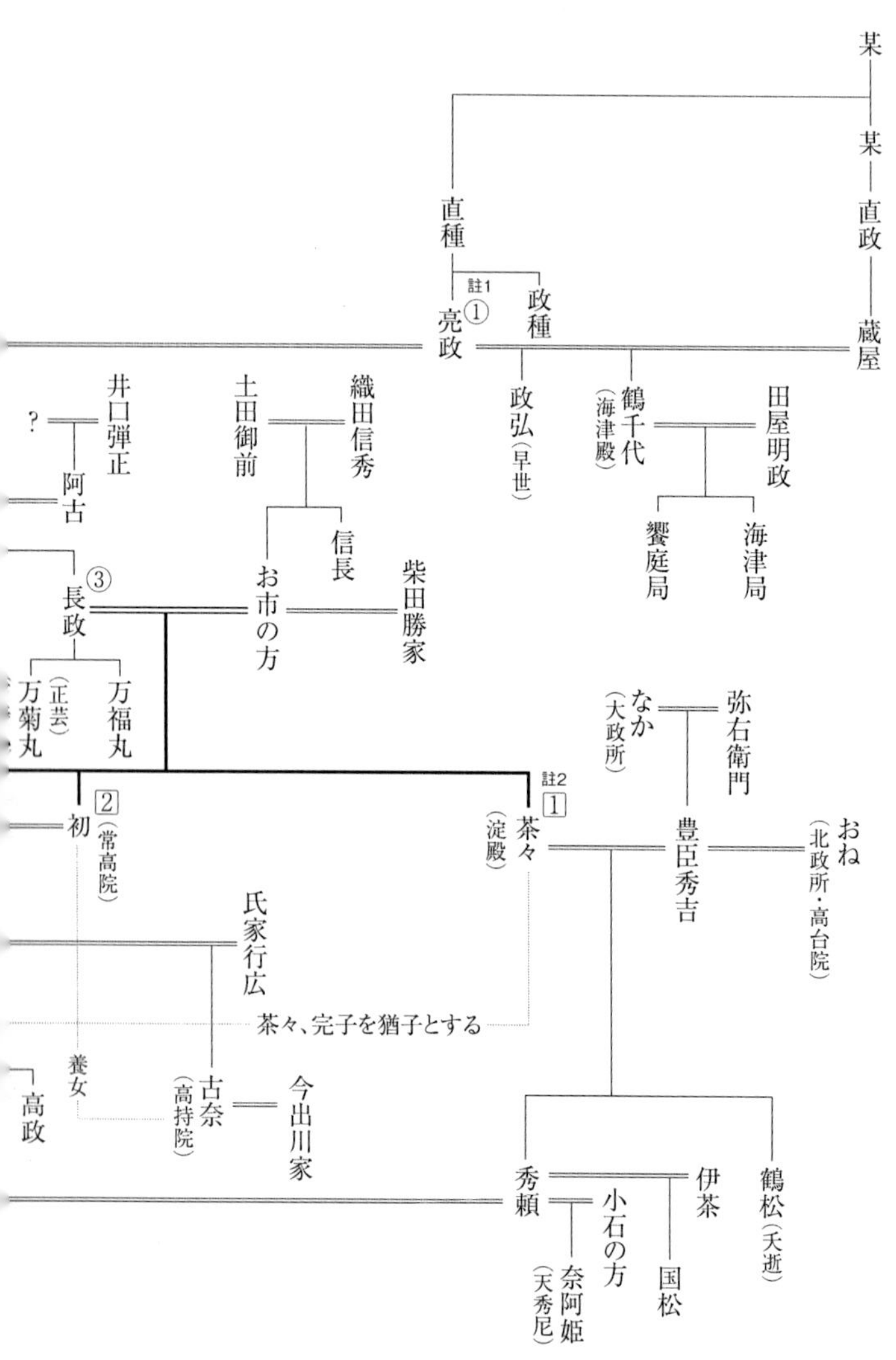

某
某
直政
蔵屋
直種
政種
註1
①
亮政
鶴千代
（海津殿）
政弘
（早世）
田屋明政
海津局
饗庭局
織田信秀
土田御前
信長
井口弾正
？
阿古
柴田勝家
お市の方
③
長政
万福丸
万菊丸
（正芸）
弥右衛門
なか
（大政所）
おね
（北政所・高台院）
豊臣秀吉
註2
1
茶々
（淀殿）
2
初
（常高院）
氏家行広
茶々、完子を猶子とする
養女
古奈
（高持院）
今出川家
高政
鶴松
（夭逝）
伊茶
秀頼
小石の方
国松
奈阿姫
（天秀尼）

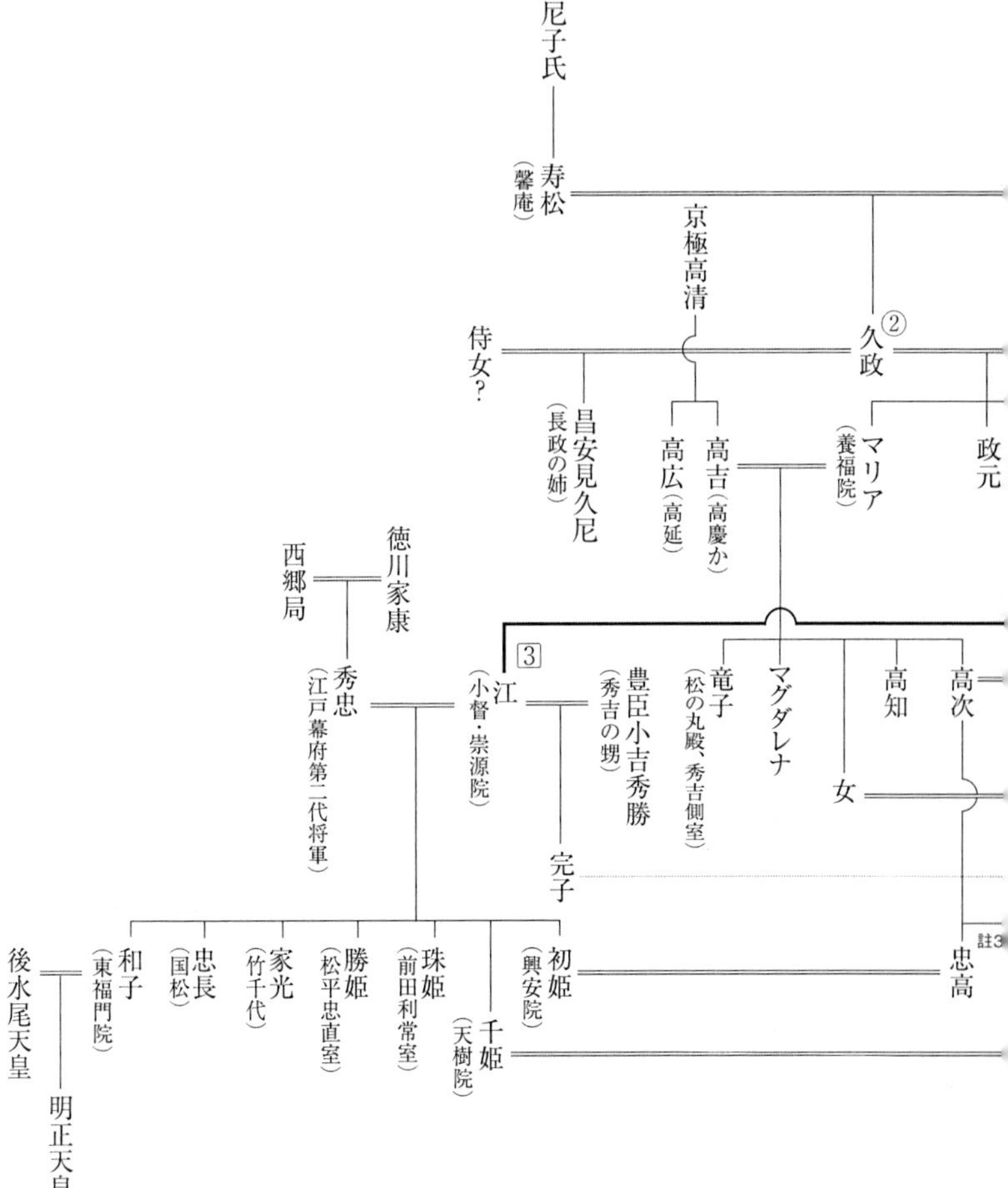
註1　①～③は浅井三代
註2　1～3は浅井三姉妹
註3　京極忠高の母は高次側室山田氏（玉台院）。
高政の母は同側室小倉氏。
尼子氏
寿松（馨庵）
京極高清
久政②
侍女？
昌安見久尼（長政の姉）
高広（高延）
高吉（高慶か）
マリア（養福院）
政元
徳川家康
西郷局
秀忠（江戸幕府第二代将軍）
3 江（小督・崇源院）
豊臣小吉秀勝（秀吉の甥）
竜子（松の丸殿、秀吉側室）
マグダレナ
女
高知
高次
完子
註3
和子（東福門院）
忠長（国松）
家光（竹千代）
勝姫（松平忠直室）
珠姫（前田利常室）
千姫（天樹院）
初姫（興安院）
忠高
後水尾天皇
明正天皇

が早世したという推論が生まれてくる。

一方、後者の丁野郷内田地の寄進状は、丁野陽徳院住持比丘尼惣充との連署による。陽徳院は、丁野にあった尼寺で、代々浅井氏の子女が入室していたことが「徳勝寺授戒帳」によって知られている。先の慶集も徳勝寺で授戒した天文年間（一五三二〜五五）には、陽徳院に住まいしていたようである。まだ戦国大名として成長する以前の浅井氏が、丁野の土地を寄進し、さらに同地の尼寺と密接な関係を結んでいた事実は、浅井氏の本貫が丁野であったことを明確に証明してくれる。

## 側室尼子氏

さて、戦国大名浅井氏の初代・亮政の時代の婚姻関係による外交政策を考えてみよう。先にも述べたように、亮政の正室は、浅井嫡流家の女・蔵屋であったが、側室として馨庵がいる。馨庵は浅井氏二代久政の生母であり、永禄九年（一五六六）には弁才天を造立し、竹生島蓮華会の頭役を寿松の名で務めた時は六十七歳であった。この時は、すでに久政の子の長政の時代になっており、長く浅井一族中で隠然たる力を持ち続けていたようである。

この馨庵は、本姓を尼子氏と言う。尼子氏はバサラ大名の導誉で有名な佐々木京極氏の一族で、導誉の孫に当たる高久を初代とする。その子持久は、京極氏が守護職を持つ出雲国の守護代として派遣され、孫の経久の時代には、京極氏に代わり出雲を中心とした近隣諸国の国人をまとめ、山陰の戦国大名として成長した。出雲へ行なった持久の兄詮久は、近江国犬上郡尼子（犬上郡甲良町尼子）の名字の地に残り、近江尼子氏の祖になったと言われている。近江の尼子氏の戦国期の動向は不明であるが、近世初頭まである程度の力を保持していたと推定されている。

この尼子氏を亮政が側室として迎えたのは、浅井氏が戦国大名として勢力を拡大した大永五年（一五二五）頃と考えられる。この頃の浅井氏は、同年に湖南の戦国大名六角定頼の攻撃を受け、翌年には、浅井氏と六角氏の代理戦争と言える内保合戦が京極高広と高慶兄弟の間で戦われている。さらに、享禄四年（一五三一）の箕浦合戦で浅井軍は六角軍に大敗している。このように初代の浅井氏の課題は、いかにして六角氏の北進を防ぎ領国を保つかにあった。その為には、六角氏領国との境目に当たる犬上郡の勢力を引き入れ、領国の境界線を少しでも南に押しやる政策を進めていたと考えられる。浅井亮政が尼子氏の女を側室に迎えたのは、六角氏対策であったことは間違いない。

## 海津田屋氏との同盟

亮政と正室蔵屋との間には、早世した政弘という男子がいたが、その他は鶴千代という女子のみであった。この鶴千代には、早くから湖西の国衆田屋氏から明政を迎え妻わせていた。もともと亮政は、浅井氏の庶子であり、直系の血は妻の蔵屋の方に流れている。したがって、蔵屋の子の系統が、家督を相続するのが本来と考えられていた。亮政も明政に対して、自らの名乗りである「新三郎」を与え、この娘婿への家督相続を認知していたようである。

田屋氏は、現在の高島市マキノ町沢・森西付近を本拠にした地侍で、もともと浅井氏の姻戚だとも言う。室町幕府の政所執事代であった蜷川親元が残した日記によれば、寛正六年（一四六五）九月十日、「江州海津衆」として饗庭氏・新保氏と共に田屋氏が上洛したとある（蜷川親元日記）。彼らは、親元の一族・蜷川信賢の「寄子」（家臣）であったが、この信賢に若君誕生の知らせがあり、三人が京都へ祝いに赴いたのであった。

さらに、すこし下って大永二年（一五二二）に、幕府は桂田孫二郎の保坂の関（高島市今津町保坂）への妨害を排除するよう、高島郡内の武将に命じている。そこでは、近江守護佐々木氏の一族である高島七頭の他に、饗庭・新保、それに田屋氏に対しても命令が出されている（朽木文書）。これらから、田屋氏が戦国時代以前から、高島郡内でかなりの勢力を持った一族であり、室町幕府とも非常に近い関係にあったことが分かる。

森西の集落の西方三百メートル余の山上に展開する田屋城は、田屋氏の本城と考えられる。約百メートル四方の地に四つの曲輪を配し、実に堂々たる縄張りである。この城郭規模からみても、田屋氏が単なる一土豪ではなく、亮政の時代には湖西北部において、浅井にも匹敵する大勢力であったことが想像される。

鶴千代と明政の結婚が、いつ行なわれたかは定かではないが、「竹生島文書」に天文二年（一五三三）二月二十七日付けの夫妻連署の寄進状があるので、この時までに婚姻は成立していた。田屋氏の湖西における存在からも容易に想像できるように、この婚姻は浅井氏の外交面での政策と密接に関連するものであった。すなわち、南方の六角氏との戦闘を繰り返す亮政が、西方の安全を確保するために取った処置である。高島郡北部の大勢力田屋氏を味方に引き入れ、六角氏との戦闘を有利に展開しようとしたのである。

ところが、この明政は浅井氏の二代目の当主とはならなかった。亮政の側室尼子氏の子久政が、天文十一年（一五四二）に家督を相続するのである。この家督相続をめぐっては、浅井氏家内で明政派と久政派の対立があったと高橋昌明氏は推測する。これに、さらに推定を重ねれば、六角氏と徹底的に戦闘を続けようとするグループと、その旗下に入ってもよいから、湖北の領国内安定を図ろうとするグループとの対立と考えることもできる。久政の家督相続は、後者の勝利を意味している。なお、千葉県市原市西国吉の医光寺を菩提寺とする江戸時代の旗本三好家は、この明政を祖としている。

## 久政の妻・阿古御料

久政の妻、伊香郡井口（いのくち）（長浜市高月町井口）の土豪井口経元の女で、小野殿とか阿古御料（あこのごりょう）とか言われた人物である。この井口氏は、富永庄総政（まん）

所を主宰する庄官で、高時川右岸を灌漑する伊香郡用水を統括していた「井預り」でもあった。

この伊香郡用水の村々と、高時川左岸を灌漑する浅井郡用水各村の対立は、すでに応永年間（一三九四～一四二八）から見え、江戸時代には浅井郡用水（餅の井）の優先権を認めた「餅の井落とし」の慣行を生んだ。この高時川左岸を灌漑する浅井郡用水は、浅井氏の出身地である丁野をはじめとする小谷城の麓の村々を灌漑する。浅井氏が、その用水権の代表者として考えられるのは当然である。

亮政の時代に行なわれたであろう、浅井氏と井口氏の婚姻は、絶えず緊張関係にあった、伊香郡用水の代表者である井口氏と手を結ぶことで、浅井氏がその最大の経済基盤であった小谷城下の生産を安定させることに目的があった。井口氏から阿古御料を迎えたのは、自らの経済基盤の生産を安定させるために行なった、浅井氏の国内向けの対策であったと結論出来よう。なお、この阿古御料は『嶋記録』によれば、信長によって十指を数日の間に切られ殺害されたという。長政生母であったことが、信長の恨みをかった悲劇であった。

## 市の輿入れ

織田信長の妹・市が、浅井長政のもとに嫁いだ年については、従来三つの説がある。古くは、永禄七年（一五六四）とするのが通説であったが、昭和二年（一九二七）に発刊された『東浅井郡志』で、黒田惟信氏は『川角太閤記』の記述や、その他の状況から永禄四年（一五六一）と推定した。さらに最近になって、奥野高広氏や小和田哲男氏は、浅井氏が西美濃の土豪市橋長利に宛てた書状を主な根拠として、永禄十年（一五六七）末か十一年早々まで結婚時期は下ると結論した。美濃平定を果たした信長が上洛の為に行なった布石と、この婚姻を評価している。

奥野氏の議論は、一級史料である古文書から得られた結論であり、歴史学の常道からすれば、もっとも尊重されなければならない。しかし、この文書は浅井長政が単に信長への取り成しを依頼した文書であり、長政の婚姻について触れたものではない。宮島敬一氏も近著『浅井氏三代』で、奥野・小和田説を批判的に検証し、長政と市の婚儀は永禄六年を下ることはないと結論されている。さらに、長政と市の子供たちの年齢は、奥野・小和田説に重大な疑問を投げかける。

長政と市の間に生まれた浅井三姉妹の長女・淀の生年は、普通その没年時の年齢四十七歳から逆算して、永禄十二年（一五六九）と言われているが、淀には天正元年（一五七三）に十歳で信長によって殺害された万福丸という兄がいた。この万福丸の生年は、逆算すると永禄七年（一五六四）となる。万福丸が市と長政の子であるとすれば、永禄十年〜十一年説は成立しない。

一方、長政が賢政という前名を捨てた永禄四年（一五六一）五月頃を市の輿入れとする『東浅井郡志』の説は、状況的には最も無理がない。最初、長政は六角氏の家臣平井定武の女を妻としていたが、永禄二年に離別したと言われている。父久政の家督相続以来、浅井氏は六角氏の旗下に前名賢政も当時の六角当主義賢（承禎）の偏諱を受けたものであった。

親六角路線を取ってきた久政の隠居と、若い長政の家督相続、それに賢政から長政への改名は、従来から政権内でくすぶっていた

## 浅井氏政権内での路線対立

対六角の強硬路線を求める勢力の勝利であり、事実、永禄三年（一五六〇）八月には、六角氏と野良田（彦根市野良田町）で戦い、記念的な勝利を得ている。長政と改名した永禄四年（一五六一）頃は、六角氏との戦闘のため、新たな勢力との同盟を模索していた時期でもあり、長政の「長」は、婚姻により同盟を結んだ信長の「長」を受けたものと考えられる。

反対に、信長側から見た場合も、永禄四年頃は近江の勢力と同盟が求められる時期であった。この年五月に信長にとって、義父道三の仇であった斎藤義竜が病死し、その跡を幼少の子竜興が継いだ。これを受けて、前年から行なってきた美濃攻めを、本格的に展開し始めたのである。この後、同十年九月の美濃平定に向かって、信長の美濃での戦闘が繰り返し行なわれる。

ところで、前年の永禄三年（一五六〇）の秋、浅井氏と戦火を交えていた六角氏は、斎藤氏と同盟を結んでいた。六角氏は浅井氏を倒すには、東の斎藤氏と手を結ぶのが有効と考えたのである。浅井氏はこれに対して、永禄四年（一五六一）二月には、美濃に進攻し美江寺（岐阜県瑞穂市）で斎

藤氏と戦っている。信長は、斎藤氏という共通の敵を持つ浅井氏と結び、美濃を東西から挟撃しようと考えた。浅井長政の家督を相続してからの活発な動きも、当然尾張まで聞こえており、信長の決断を促したと思われる。このように、市の輿入れが永禄四年に行なわれたとすれば、信長による美濃攻略のための外交戦略であったと結論できるのである。

## 長政の三人の女

天正元年（一五七三）九月一日、浅井氏はその居城小谷城を、義兄の織田信長によって攻められ滅亡する（131頁以降参照）。嫡男の万福丸は、一時は城を逃れたが、すぐに信長側に捕まり、関ヶ原で処刑されている。十歳であった。しかし、三人の女(むすめ)は母お市と共に生き残った。その後、天正十年（一五八二）に市が柴田勝家に再嫁したことにより、三人も勝家の居城・越前北庄(きたのしょう)に移り住んだ。ところが悲劇は再来する。この北庄城も、賤ヶ岳合戦で勝家に勝利した羽柴秀吉に攻められ、天正十一年（一五八三）四月に落城する。お市は城と運命を共にしたが、三人の女は再び城外に逃れた。

この三人の長女は茶々で、後の秀吉の側室・淀である。次女は初で、大坂の陣で調停役として奔走した京極高次夫人の常高院である。三女は江といい、徳川幕府第二代将軍の徳川秀忠夫人となり、第三代将軍家光を生んだ崇源院であった。いずれも、安土桃山時代から江戸初期の歴史に大きな影響を与えた人物である。これは、彼女らに織田氏の血が流れている点が尊ばれた為であり、当時の人々が彼女らを「貴種(きしゅ)」として重用した結果と考えられる。皮肉なことだが、浅井氏の婚姻政策は浅井氏滅亡後に最も花開いた。

# 二　浅井長政の居城・小谷城

小谷城絵図　弘化４年（1847）銘（長浜市長浜城歴史博物館蔵）

# 小谷城の歴史と構造

## 小谷城に関する最古の文書

浅井三代の居城であった小谷城がいつ造られたかは、その築城時期を示す史料がまったく存在しないので、正確な所は不明としか言えない。ただ、『東浅井郡志』では「築城の紀年詳ならずと雖も、蓋し大永四年の頃なるべし」とし、さらに大永五年（一五二五）頃のこととして、浅井氏が京極高清・高広（高清の長男）を、完成まもない小谷城に迎え、京極丸に置いたと記述している。とはいうものの、高清・高広親子を小谷城に迎えた事実や、その時期について、『東浅井郡志』は明確な根拠を示していない。

小谷丁野町から見た小谷山。煙が出ている所が脇坂谷

数少ない小谷城に関する文献の中で、その名が登場する最古の文書は、永田高弘という武将が朽木谷を統治する国人・朽木稙綱に対して出した「小谷城没落の儀に付き」と冒頭に記された書状（朽木文書）で、七月十八日付のもの【2】である。この文書を、六角定頼が小谷城を攻め

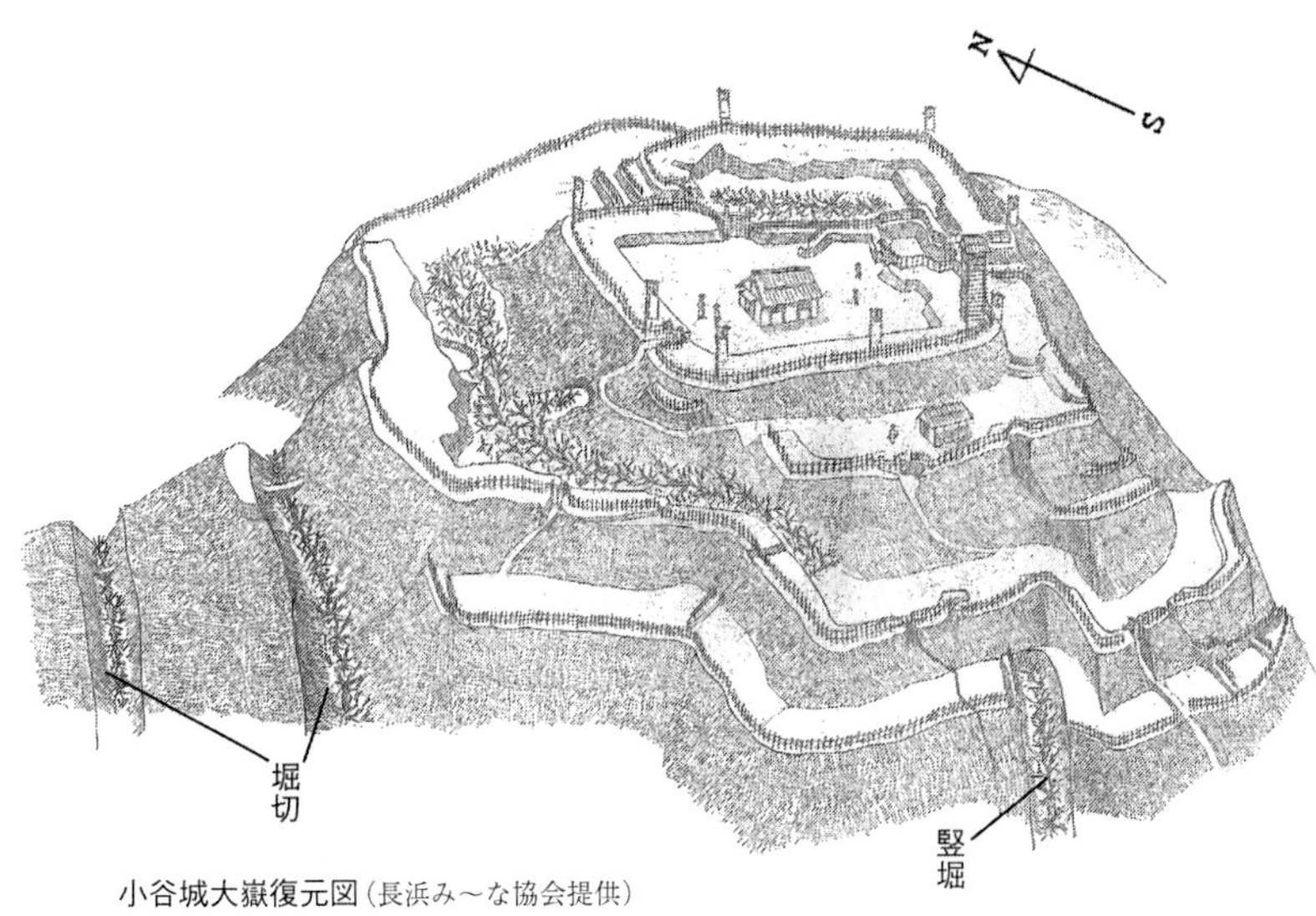

小谷城大嶽復元図（長浜み〜な協会提供）

た時のものとして、大永五年（一五二五）と年次を推定した『東浅井郡志』の判断は正しいと考えられる。また、史料纂集・古文書編『朽木文書』でも、本書は同年の書状とされている。

ここで、永田高弘は七月十六日に浅井郡尊勝寺（長浜市尊勝寺町）に至り、今日明日中に小谷城を攻めるという意気込みを、朽木稙綱（たねつな）に伝えている。永田という武将は、高島市高島町に永田という地名があるので、そこの地侍だと考えられる。本書が小谷城の名が登場する一番古い文書である点からして、少なくとも大永五年（一五二五）には、小谷城が存在していたことが分かる。

## 小谷城の周辺

次に小谷城の支城配置や、周辺の情況を見てみよう。図1

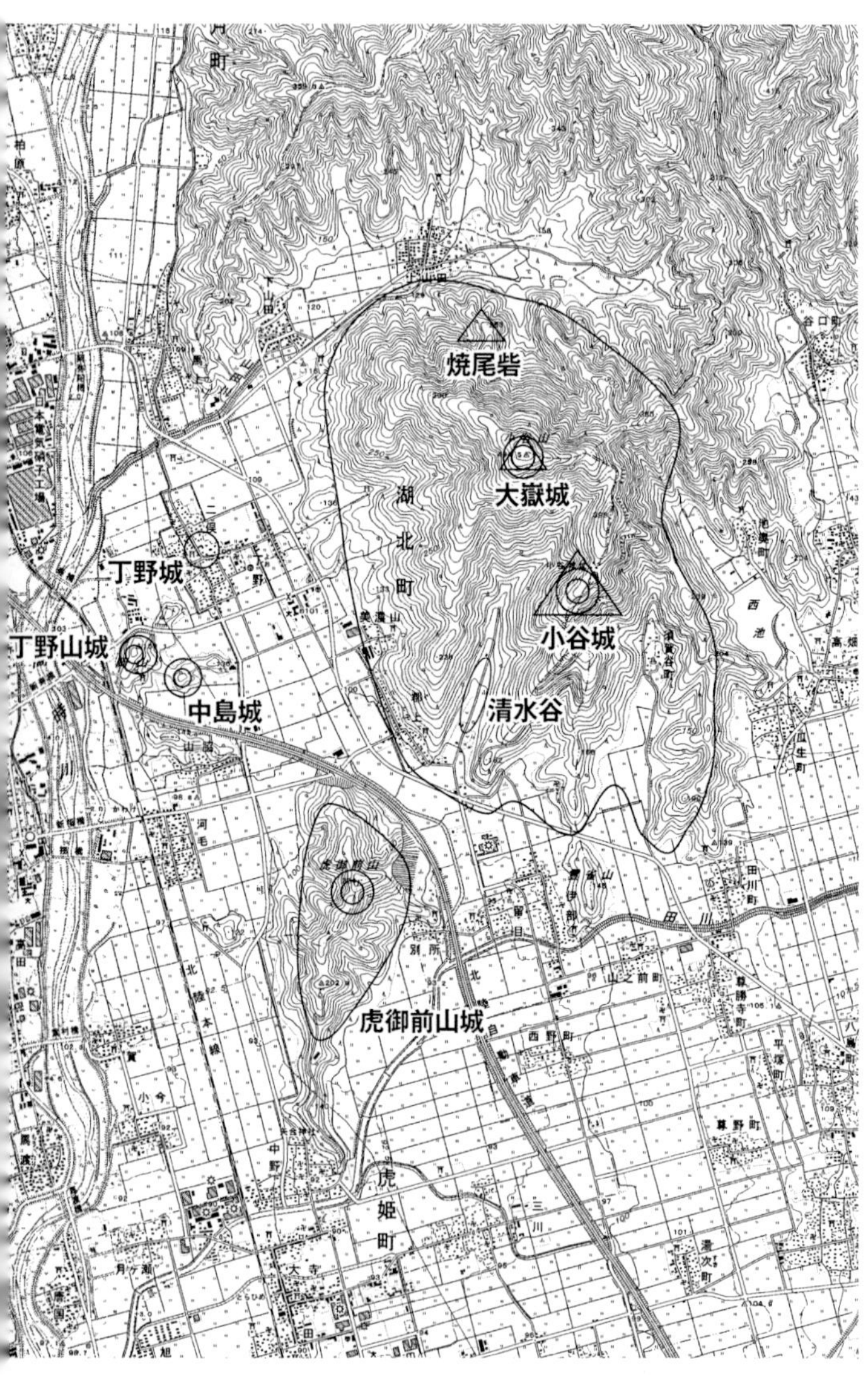

焼尾砦
大嶽城
湖
北
町
丁野城
小谷城
丁野山城
中島城
清水谷
虎御前山城
虎
姫
町

図1　小谷城周辺の城郭
（滋賀県教育委員会『滋賀県中世城郭分布調査』7掲載の図面を参考に作成した）

（48〜49頁）で「大嶽城」と書いてあるところが、小谷山の頂上で標高四百九十五メートル。周辺の平地の海抜は百メートルぐらいなので、城下からは四百メートルぐらいの比高がある。この小谷城西の琵琶湖岸には、阿閉淡路守貞征の居城・山本山城がある。さらに、小谷山のすぐ西の麓には、元亀争乱に際し越前衆が主に籠城した出城の丁野山城があり、その尾根続きの南東には浅井氏の重臣・中島宗左衛門尉直親が陣をおいた中島城、そして、その南側には虎御前山城がある。虎御前山城には、元亀三年（一五七二）に織田信長が本陣を構え、小谷攻撃の指揮をとったことで有名である。

さて、小谷城と丁野山城との間に丁野という集落があり、ここが浅井亮政の出生地だと言われている。丁野の地侍が大きくなって、戦国大名化したのが浅井氏なのだ。この丁野の集落から、大嶽（小谷山頂）に向かって谷が入っている。これを脇坂谷という。通常言われる小谷城は、小谷山の頂上である大嶽から、少し降りた所、標高四百メートル前後の東の尾根上にある。小谷城の主要部分は、この大嶽から伸びた東側の尾根上に展開する。図1でも「小谷城」と書かれている。現在の伊部・郡上の集落は、小谷城下町の一部と見られており、二つの集落の間にも城下町が広がっていたと考えられている。そして、この小谷城下町跡から北に向かって、小谷山（大嶽）へ切り込んでいく谷を清水谷という。この清水谷は浅井氏の屋敷や家臣団屋敷があった所で、小谷城を語るには重要な場所である。この清水谷を中心に、馬蹄形になった西側を含めた尾根上に曲輪が連なっているのが、小谷城の基本構造となる（図1参照）。

## 二分される中心曲輪群

図2を見て頂きたい。AとかBとかの記号が書いてあるが、これは北村圭弘氏による曲輪群の分類を私が修正したものである。この分類にそって、北村氏の論説を紹介しながら小谷城の構造について説明する。普通小谷城と呼ばれるのは、番所・茶屋・馬屋・桜馬場・広間・鐘丸（かねのまる）（天守と書いてある絵図もある）と並んだAの曲輪群である。麓から自動車で上がると、番所の少し手前に駐車場があり、そこから徒歩で登ることができる。

次に、Aの北に連なるBの曲輪群。これは、中丸・京極丸・小丸から山王丸にいたる曲輪の並びである。この内、小丸は落城時に浅井久政が最期をとげた場所に当たる。AとBの境である鐘丸と中丸の間に、尾根を削って堀にしている大堀切（おおほりきり）がある。この大堀切で、小谷城は主要部であるAとBの曲輪群が分かれに構造になっているのが特徴である。

この内A曲輪群の基本的な構造は、登山方向に向かって右の端に道が通っていて、左側に曲輪があるという点である。つまり番所や馬屋などのA地区では、左側に曲輪を見ながら登る形だが、B地区の中丸からの上の道は、曲輪の真中を道が突っ切るような形で出来ている。このように、大きな大堀切を隔てて、曲輪の道の付け方が全く違うのである。

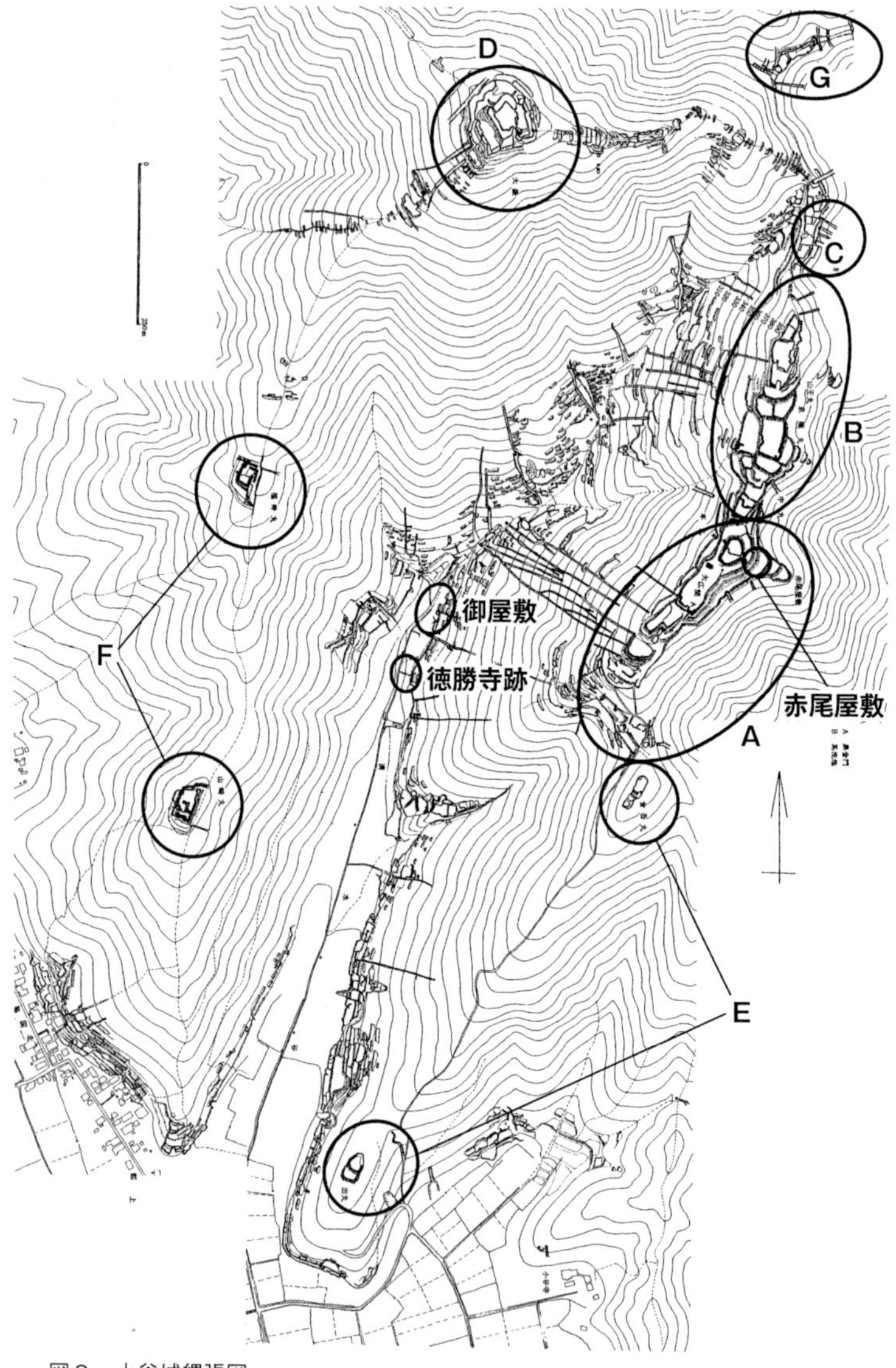


図２　小谷城縄張図
（滋賀県教育委員会『滋賀県中世城郭分布調査』７掲載の図面を加筆・修正）

それから、A曲輪群の広間と鐘丸、これが通常の城では主郭に相当し最奥になるが、小谷城ではその奥にB曲輪群があり、その主郭に相当する京極丸がある。つまり、二つの城郭（二つの主郭をもつ城郭）がハシゴ状に並んでいる訳だ。このような曲輪配置を梯郭式と呼ぶが、小谷城の大きな特徴の一つである。本来の本丸である鐘丸の後に、さらに本丸的機能がある京極丸が控えている意味を考える必要があるだろう。

## 二重構造の意味

当然だが、浅井氏の当主が居住したと推定される広間・鐘丸よりも、京極丸の方が高い場所にある。北村圭弘氏はこの標高差を考えると、ここに京極氏を置いたことに意味があると言う。京極丸に守護である京極氏を迎え入れ、さらにその奥の山王丸に山王社（比叡山の地主神）を勧請している。浅井氏は、京極氏や比叡山を崇め奉るために、本来の城郭の後に、曲輪群をもうひとつ増設したのではないかと北村氏は推定するのである。

確かに浅井氏は、守護であった京極氏を最後まで無視できずに政権運営をしていた。この浅井氏と京極氏の関係について詳細を語ることはここでは省略するが、浅井氏は戦国大名でありながら、最後の最後まで京極氏を、北近江の守護として「御屋形様」と奉っていたと考えられる。この政治状況が、見事に小谷城の構造に反映していると、北村氏は述べるのである。

この考え方は、非常に正鵠を射た画期的な見解だと思う。さらに私は、初期の小谷城は鐘丸

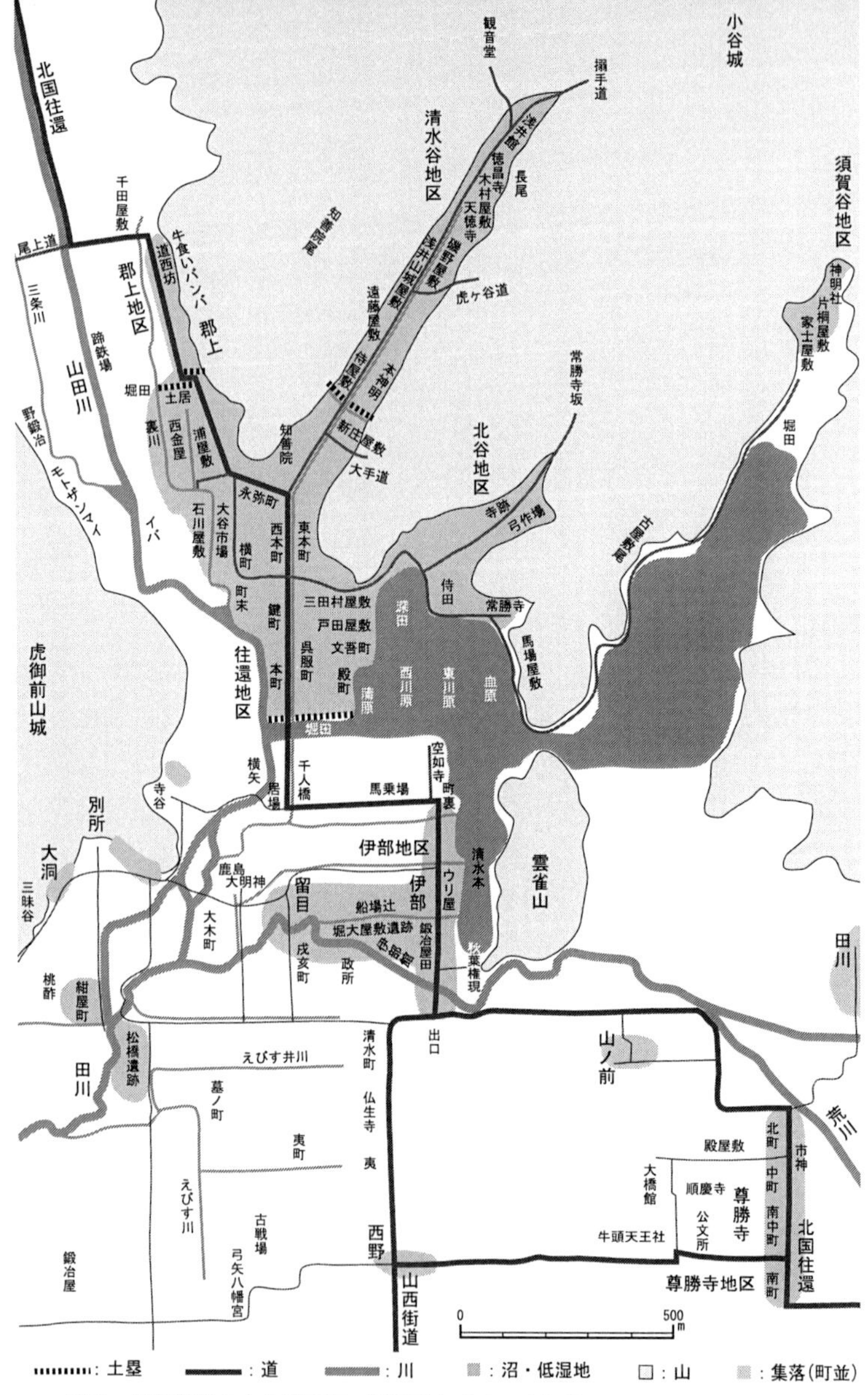


図３　最終段階の小谷城下町　復元図（北村圭弘氏作成）

までだったのではないか思う。浅井氏の成長にともなって、防御や京極氏を迎える必要が生じ、奥にもう一群の曲輪をつけ加えたのが、B群の京極丸を中心とする曲輪ではないかと考えるのだ。城郭の増設には、居城を失っていた京極氏を迎え入れる意図があった。もともと、鐘丸が最奥であったために、ここに大きな堀切が造成されていたと私は考えたい。

さて、山王丸には後で述べるように、山王社(比叡山の地主神)が祀られていたのであるが、その奥には六坊という場所があった。Cの曲輪群である。ここには、領内寺院の出張所が設置されていたといい、これは浅井久政の段階で造成されたと考えられている。

## 防御が手薄な大嶽・福寿丸・山崎丸

Dは大嶽、Eは金吾丸・出丸、Fは福寿丸・山崎丸、Gは月所丸である。

これらの曲輪群は、周辺の防御施設が少なく、明らかにA～Cの曲輪とは構造が相違する。Fの福寿丸・山崎丸の内部構造は非常に進歩的であるが、周辺の防御は非常に手薄である。要するに、それぞれが独立性のある曲輪なのだ。このD～Gの曲輪に比べて、A～Cの曲輪の周辺には、特に清水谷側に多くの防御施設が造成されている。斜面の縦方向に堀を造ることを竪堀(たてぼり)というが、そういった堀や腰曲輪状の削平地がたくさんあり、防備が堅くなっていることがわかる。

なぜD～Gの防備が手薄なのであろうか。結論から言いうと、Dの大嶽、Fの福寿丸・山崎丸

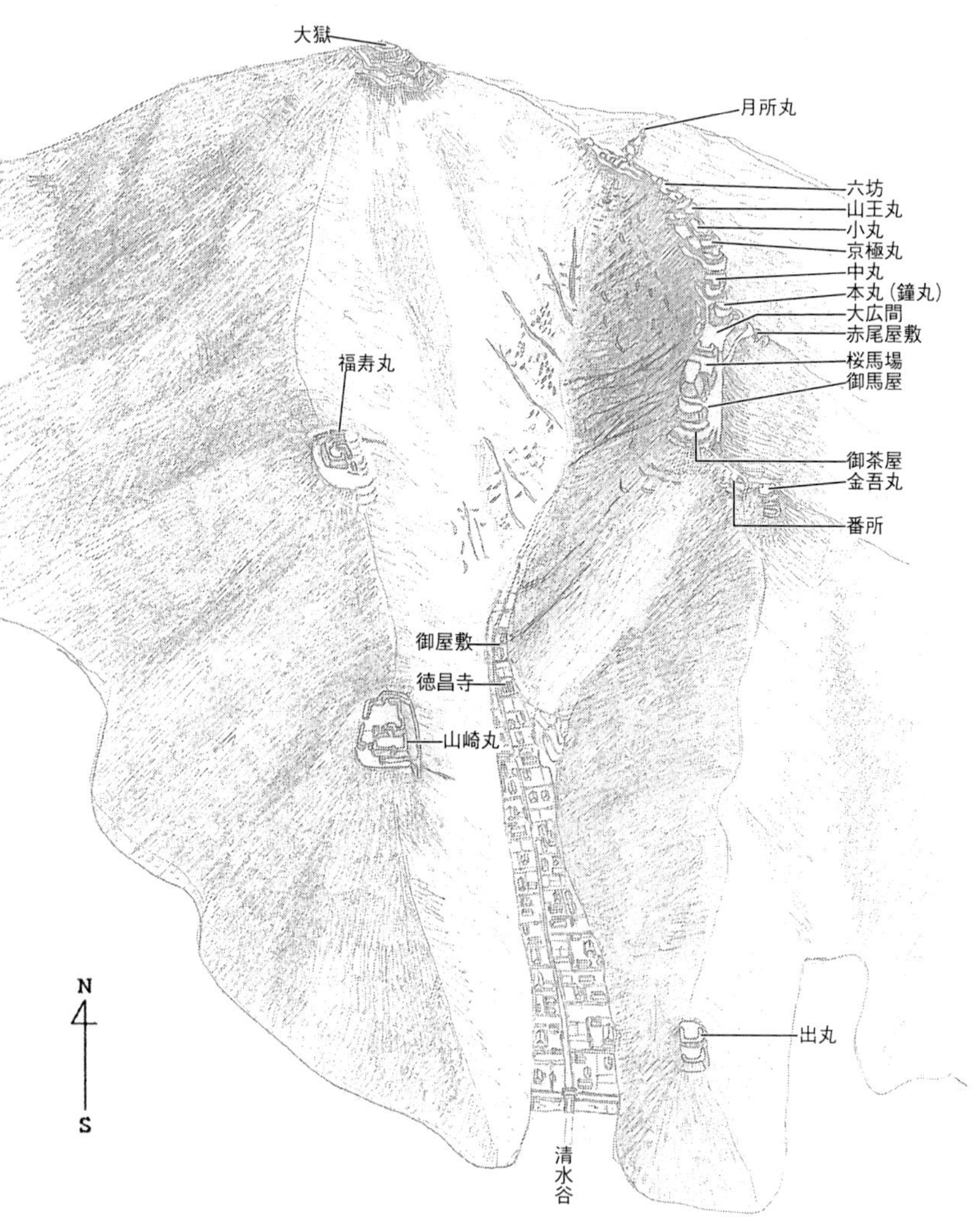


図４　小谷城復元図（長浜み〜な協会提供）

といった曲輪は、浅井長政と織田信長の決戦、その最終段階になって縄張が改められ、にわかに造成された場所だからだ。曲輪の構造は、朝倉氏の築城技術を駆使した進歩的なものなのだが、その周辺の防御施設を造成する時間がなかったと考えられる。ともかく、A～Cの曲輪群とD～Gの曲輪群では、その周囲の情況に大きな相違があることを、ここでは押さえておこう。

## 清水谷と赤尾屋敷

次に、清水谷について述べよう。この谷の両脇には家臣団の屋敷があり、一番奥に浅井氏の屋敷と、その手前には浅井氏の菩提寺・徳勝（昌）寺があったと言われている（図4参照）。家臣団の屋敷跡としては、浅井山城屋敷・遠藤屋敷などの地名が残っている（図3参照）。戦闘時には、浅井氏の当主以下は、尾根上の城郭へ登っていたと思われるが、日常的な生活は清水谷の奥にある屋敷で過ごしていたと考えられる。

この谷の出口付近に堀と土塁が築かれ、谷の口を塞ぎ、その外側に城下町が展開していたと、一般的には考えられている。ただ、北村圭弘氏はこの清水谷出口の堀と土塁は、谷の出口より二百メートル程奥まった所に存在したという説を展開されている（図3参照）。長浜に移った知善院は、この清水谷の入口西にあったと言われている。元亀争乱時に「知善院尾筋」に置かれた陣所のことが、『嶋記録』所収文書【3】に出てくるが、知善院跡の裏から伸びる尾根のことで、その陣所は福寿丸・山崎丸のことを指す。

家臣団屋敷と言えば、Aの曲輪群の説明で触れなかったが、浅井長政が切腹した場所は、鐘丸の東の赤尾屋敷と呼ばれる所である。ここは、浅井長政の重臣であった赤尾美作守清綱の屋敷跡と言われる。浅井氏家臣の屋敷の多くは清水谷にあったと考えられるが、この赤尾氏の屋敷のみ山上の中心部分にあった事実は、赤尾清綱が浅井長政時代の筆頭宿老であったことを裏付けている。

## 山王社と六坊

次に小谷城に関する古文書を紹介しながら、話を進めたい。『近江輿地志略(おうみよちしりゃく)』という享保十九年(一七三四)に編纂された地誌があるが、この中に「山王権現社」という項目がある。そこには「小谷古城京極丸の北にあり」と書かれており、江戸中期まで山王丸に山王社があったことが分かる。現在は小谷神社と改称され、麓の小谷寺の一隅に移されている。では、戦国期はどうだったのであろうか。

それを知る史料に、秀吉の奉行であった長束正家(なつか)と増田長盛(ました)が、近江国浅井郡尊勝寺村(長浜市尊勝寺町)の真宗寺院・称名寺に宛てた算用状(「称名寺文書」)がある。これは、長束と増田が秀吉直轄領の代官であった称名寺に、「こういう内容の支出を行なえ、こういうふうに年貢を使え」とお金やお米の使い方の指示をしている文書である。そこに、百石を小谷山の山王社に寄進すべしという指示が書かれている。

小谷城山王丸の虎口（辻村耕司撮影）

小谷城六坊跡（辻村耕司撮影）

この文書は、天正十九年（一五九一）十二月二十五日付けで、小谷が落城した十九年後の文書だから、必ずしも浅井氏時代から山王社があったことを証明するものではない。しかし、小谷落城から二十年もたっていない段階の文書であるから、城があった時代から山王丸に山王社があったと考えてもよいのではないだろうか。

次に、浅井久政が出した文書を、二つ紹介しながら六坊の話をしたい。一つは、宛名が欠けてしまってよく分からないのだが、木之本浄信寺に残っている書状【4】だ。その中に「搦手に諸山より一坊宛立て置かれ候間」とある。「諸山」、つまり浅井氏領国内の複数の寺院が、小谷城の搦手に出張所を建てているので、「あなたの寺も建てろ」と久政が言っている文書なのである。宛名は欠けているが、常識的には本書を所蔵している木之本浄信寺（木之本地蔵）に出している文書と考えるべきだろう。

もう一つは、同じ木之本町の己高山内にあった飯福寺という寺院の文書【5】（己高山中世文書）で、浅井久政が同寺に対し、小谷城にあった「出房」に、早く「懸銭」と呼ばれる税金を持ってくるよう指示している。飯福寺の「出房」とは、小谷城の六坊にあった出張所ではないかと考えられている。こういった史料から、小谷城六坊には、浅井氏領内の寺院出張所が造られていたと考えられる。

## 菅浦に伝わった二通の文書

また、長浜市西浅井町菅浦に伝わった「菅浦文書」の中に、角田藤三郎という人が、菅浦の惣村に出している十二月一日付けの書状【6】がある。この文書の中では、藤田が「油実を早くよこせ、その代わりにお米を大谷で渡す」と言っている。油実は灯りの燃料にするための実のことである。「大谷」＝「小谷」というのは「小谷城」を指すのか、「小谷城下町」のことか、よく分からないが、小谷城の可能性もあるだろう。ここで、注意すべきは「大谷」という文字である。「小谷」は史料によって「大谷」と書かれていることもある。おそらく、両者とも「おだに」と読む。織田信長の年代記である『信長公記』では、もっぱら小谷城のことを「大谷」と表現している。「小谷」と「大谷」は、小谷城や城下町を指す場合は同義と理解すべきなのである。

それから、年代がはっきり分かれば面白いのだが、清水吉清という人物が菅浦に出している五月十九日付けの文書【7】が「菅浦文書」に残っている。「大つくふしん」のことで、地元の住民の中で異を唱える人物がいることが問題となっている。「ふしん」とは「普請」で土木工事を指し、「大つく」とはもちろん「大嶽」のことである。つまり、この文書からは小谷山の頂上にあった大嶽を造っていた時のことが分かる訳だ。しかし、残念なことに年代が書かれていないので、いつの文書か分からない。私は状況から推して、大永年間（一五二一〜二八）の文書ではないかと思っている。

「大嶽」は元亀年間（一五七〇～七三）になってから、越前朝倉氏によって改造されている。その時の文書だとすれば、信長との戦いの時代の文書になるのだが、そうではないと思う。元亀年間の改造は、北近江の領民は関与する時間がなく、越前衆のみで行なわれたと考えられるからだ。この文書は、北近江の村である菅浦に出されているので、地元住民が関与した普請だと考えられる。だとすれば、大永年間の小谷築城時のものではないか。本書では後で、最初の小谷城は「大嶽」であったという説を展開するので、この文書のことはよく覚えておいて頂きたい。

小谷城関連の史料は、元亀年間のものを除くと、冒頭で紹介した永田高弘書状も含めて以上しか残っていない。たいへん寂しい限りだが、あとは現地の縄張や遺構から研究を深めるしかないのだ。

## 小谷城下町の構造

ここで、少し城下町のことも触れておこう。小谷の城下町は、小島道裕氏や北村圭弘氏によって研究が深められているが、清水谷の前面・南側に存在したことは間違いない。図3は北村圭弘氏が作成したものである。現在の伊部・郡上の集落を中心に、両集落間にある現在は田地になっているところも含めて、城下町だったと考えられている。北谷は小谷寺がある谷だが、そこから片桐且元の出生地だと言われる須賀谷にかけて大きい沼地があり、これが城下町を含む小谷城の東の防御線になっていたと、北村氏は考えている。少し南東に離れた尊勝寺の集落から、伊部・郡上の集落の中心に北国脇往還（江戸時代の呼び名）が通っている。また、この脇往還に戦国時代の「北国街道」と考えられる小谷道（山西街道）が、伊部集落の南で合流している。

小谷城下町で特徴的なのは、町中に三田村屋敷・石川屋敷・千田屋敷など家臣団の屋敷が点在していた可能性があることだ。清水谷にも家臣団の屋敷があったと言われているが、城下町中にも点在していたと推定されるのである。豊臣秀吉の時代になると、家臣団の居住地は一ヶ所にまとまり、職人・商人が住む城下町とはっきり分離されるようになるが、浅井氏の時代は城下町と家臣団屋敷が、まだ混在していた。このように、家臣団と町人が住む地域が未分離なのが、戦国時代の特徴だと言われている（80頁参照）。さらには、城下の南を田川が流れており、ここに「船場の辻」という地名が残っている。この場所は、船着き場であったと考えられる。

もう一つ、戦国時代の城下町の特徴が小谷城に表れている。それは、城下町が複数の町場として点在することである。豊臣政権以降の城下町は、町が一つにまとまっているが、戦国時代の城下町は町場が細かく分かれ、点在していたと考えられている。小谷城の場合も、伊部・郡上の集落から、少し離れた尊勝寺の集落も城下町であったのではないかと考えられている。さらには、国友も小谷城下町であったと私は考えている。国友は小谷から二キロ程南にあり姉川の河岸だが、城下町であったからこそ鉄砲鍛冶が集住した村となったと考えられる。国友での鉄砲生産は、浅井氏がこの地に鍛冶を政策的に集めたことにより始まったとみている。

## 小谷城を読み込む

### 築城当初の縄張

前項で小谷城の基礎知識は得られたと思うので、この項では小谷城を新たな視点から少々深く探ってみよう。まずは小谷城の築城当初の縄張についてである。長浜市小谷丁野（ようの）町の字（あざ）史『しが湖北　丁野誌』の著者・香水（かすい）敏夫氏のご教示を得ながら考えたのだが、小谷城は最初、大嶽が主郭であったのではないかと思う。この事実は、従来から言われているが、さらに小谷城は本来、西側が正面であったという考え方を提示したい。小谷城は南から見ると、清水谷を中心に馬蹄形になっているが、初代の浅井亮政の出身地は、城の西側に当たる丁野である。丁野からみると小谷城の前に脇坂谷があり、この谷を登ると大嶽に至る。つまり、浅井氏は丁野村の地侍時代、西側から眺めた小谷城を見ていた訳である（47頁参照）。

丁野で生まれた地侍・浅井氏が、次第に戦国大名化して大きくなると、山城が必要となる。どこに城を造るのが自然か。自分の村から見える、すぐ隣の山上に城を作るのであろう。その入口も、丁野から通じる西側が正面で、南を正面として清水谷に入口を作るのは、かなり後のことと考えた方がよい。当初の小谷城は西向きだったと考えられるのだ。先ほど説明した山王丸とか、鐘丸・大広間などのA・Bの曲輪群は、浅井亮政の後期、その子久政の段階になって造られたのではないかと類推する。

## 大嶽が当初の主郭

この点、もう少し根拠を示そう。先ほど紹介した「菅浦文書」に収められた書状は、大永五年(一五二五)のものではないかと説明した。清水吉清という人物が、菅浦に出している文書【7】である。そこには「大つくふしん」＝「大嶽普請」と書かれてある。これが、大永五年の文書であるとしたなら、大嶽を亮政が造っていることになる。

もう一つの根拠として、記録を紹介する。『長享年後畿内兵乱記』(ちょうきょうねんごきないへいらんき)という、近畿地方の戦乱の歴史をまとめた年代記がある。この記録は『群書類従』(ぐんしょるいじゅう)に収められているが、佐々木六角氏の関係者が作ったものと言われている。この本に、大永五年の記事として、「(六角)定頼公浅井城大津見へ発向」とある。これは、朝倉宗滴が小谷城にやってきて、金吾丸に陣を置いたと言われる時の記述である。「大津見」とあるのは、「大津具」の書き間違いであると思われる。だから、「大津具」つまり「大嶽」を攻めに、六角定頼が大永五年に来たと言うことになる。

香水敏雄氏の話によると、脇坂谷から大嶽へ少し登った尾根状の場所を「小谷」(こたに)と呼ぶ。「こたに」と「おだに」は、いずれも「小谷」と書くので、この脇坂谷から上がった「小谷」という地名から、大嶽が主郭であった城を、「小谷城」と呼ぶようになったのではないかとも考えられる。

つまり、丁野集落から見て「小谷」にある城だから「小谷城」と呼んだ。あるいは、脇坂谷が「小谷」なのに対し、清水谷を「大谷」と呼んだので、「小谷城」の名が成立したとも考えられる。しかし、先の永田高弘の書状によれば、小谷城は「大嶽」時代から「小谷城」と呼ばれていたことになり、清水谷＝「大谷」説は成立しにくいであろう。

## 丁野村と浅井氏

ところで、丁野が浅井氏の出身地であることは、『近江輿地志略』など江戸時代の地誌には書かれているし、地元・丁野でも浅井氏は、もともと当地の人物であると言われている。また、浅井氏の菩提寺・徳勝寺の授戒帳によれば、浅井氏関連の寺院が丁野にあったことが知られている。他にも、現在丁野には「浅井家産湯の池跡」が残っており、浅井氏の先祖は三条公綱という公家だったという説がある。これは、先祖を飾るために浅井氏が後から作り上げた話だが、公綱が連れてきた牛を葬った場所という「牛塚」が、現在も丁野に残っている。このような伝承からも、浅井氏のもともとの出身地が、丁野だったことは間違いない。

だから、浅井氏は最初、丁野氏と言ったかもしれない。三田村氏や上坂氏、それに安養寺氏など、他の浅井氏家臣と同列だった。その中から亮政が台頭し、山城が欲しいので大嶽に築城したというのが、極めて自然な考え方だと思う。丁野にいては、小谷山に築城するに当たり南を正面にするという発想は生まれない。やはり、正面は西向きとなる。小谷城絵図も、西から描いた小谷城絵図と、南から描いた小谷城絵図があるが、西から見た方が最初の小谷城の見方で、南から描く方が後の小谷城の見方ではないかと考える。

## 朝倉宗滴の小谷城来援

少し話しを変えよう。大永五年に、朝倉宗滴は誰を助けるため小谷城へ来たかと言う問題である。一般的には、六角氏と戦っていた浅井氏を援助するために小谷城に来て、金吾丸に陣を敷いたとされる。しかし、最近の研究によれば、それはまったく逆の話だったことが分かってきた点は先に述べた。つまり、朝倉宗滴は六角氏の加勢のため、言いかえれば浅井氏を討つために、越前からやってきたという話になっているのだ（29頁参照）。

このことを頭に置いて、もう一回図2を見直してもらいたい。朝倉宗滴は金吾とも呼ばれていたので、Eの北側の金吾丸はその宗滴が、陣を置いた場所だとされている。そのことを信じるとして、先に説明した鐘丸・広間が続くAの曲輪群がその当時はなく、Dの大嶽が浅井氏の小谷城だとしたら、どうなるか。清水谷を隔てて大嶽と対陣するには、この金吾丸は非常に良い位置になる。要するに、浅井氏の小谷城が大嶽にあったとしたら、金吾丸は清水谷を隔ててその前面になる。朝倉宗滴と浅井亮政は、清水谷を隔てて対陣したと考えることはできないだろうか。朝倉宗滴が浅井氏と戦いに来たのであれば、当時の小谷城はAの場所ではあり得ない。この点からも、大永五年の小谷城は、大嶽にあったと考えた方が妥当と言えるのである。

このように、浅井氏が丁野の出身であること、朝倉宗滴が陣を置いた場所、あるいは古文書・古記録から見ると、初期の小谷城は大嶽であったことは間違いない事実と考えられる。今の大嶽の縄張は、信長との戦いの中で、朝倉氏の軍勢が改造したものだが、初期の浅井氏はそこを主郭としていたと考えられる。大嶽＝初期小谷城主郭説は、これまで漠然と考えられてきたものだが、以上述べた複数の理由から、確実なことと思われる。宗滴は南を向いて合戦していたのではなく、北を向いて合戦していたのである。

## 小谷落城の日をめぐって

信長と浅井氏が最初に戦ったのは、元亀元年（一五七〇）六月二十八日の姉川合戦前後の戦いである。この時から、天正元年（一五七三）九月一日までの四年間にわたって、小谷城は攻め続けられる。その中でも、最後の二年間について、小谷城と関連させて述べたいと思う。

まず、浅井長政の亡くなった日について。『信長公記』は天正元年八月二十七日に、浅井久政が小丸で自刃し、翌八月二十八日に浅井長政が亡くなったと書く。これを「二十七・二十八日説」とする。しかし、『嶋記録』などによると「二十八・二十九日説」もある。また、もう一日ずれて、徳勝寺旧蔵浅井長政像賛による二十九日に久政自刃、九月一日に長政自刃という「二十九・一日説」もあるのだ。天正元年の八月は、陰暦の「小の月」だから、二十九日までしかない。このように様々な説があるわけだが、現在では最後の「二十九・一日説」が正しいと考えられている。『信長公記』は間違っていることになる。

と言うのも、後でも触れるが、落城寸前に浅井長政が出した文書が残っているからである。それは、東京の成簣堂文庫（お茶の水図書館蔵）の八月二十九日付けの浅井長政書状である。「籠城してくれてありがとう」ということを、片桐孫右衛門尉直貞に伝えている文書であるが、この孫右衛門尉という人物は、有名な片桐且元の父に当たる。肝心なのはこの文書の日付で、八月二十九日と書いてある。『信長公記』に記されているように八月二十八日に死ぬ人が、八月二十九日に文書を書けるわけがない（133頁参照）。

以前は『信長公記』を信じて、八月二十八日長政死亡説が強かったのだが、この二十九日付の文書の存在が分かって、二十八日死亡はあり得なくなった。いくら、『信長公記』の信憑性が高いと言っても、編纂物なので間違いはある。それに対し、今紹介した片桐宛の長政書状は、当時に書かれた文書である。雁皮紙といって、楮紙よりも硬質の光沢のある紙に書かれており、現在も東京神田駿河台の「お茶の水図書館」に保管されている。

また、徳勝寺に伝来した浅井長政画像（現在は小谷城址保勝会蔵、滋賀県指定文化財）にも、上部の賛文に長政の命日を九月一日と記しているし、現在は長浜市平方町に移転した徳勝寺でも、その命日は九月一日と伝えている。徳勝寺は浅井氏の菩提寺だが、その菩提寺が九月一日とするのであるから、やはりそれが正しいと考えるべきであろう。なお、「西野文書」に浅井久政が、西野弥次郎宛て八月二十七日に出した書状が存在する【8】。もしも、『信長公記』の記すように、久政が二十七日に死んだとしたら、同じ日にこのような文書は出せないだろう。このことからも、『信長公記』の間違いを指摘できる。

## 朝倉軍による大嶽などの改造

次に、亮政時代の小谷城の主郭であった大嶽が、浅井氏を来援した朝倉氏によって改造されたことについて触れたいと思う。

現在の大嶽の縄張は、浅井氏が造ったとは思えない程、城郭としては発達した構造になっている。曲輪に対して平行な横堀を掘るなど、浅井氏の築城技術では考えられないほど、高度な築城術が使われている。朝倉家臣の山崎吉家が築城したと言われる山崎丸や、その北の福寿丸にも、非常に進んだ城郭技術が使われている。例えば、土塁が真っ直ぐで、直角に曲がっている。小谷城のAの曲輪群の土塁は、これほど真っ直ぐであったり直角に曲がらないが、大嶽・山崎丸・福寿丸には、後の近世城郭につながる進んだ技術が使われているのである。実は浅井氏よりも朝倉氏の方が、はるかに築城技術が進んでおり、これらの曲輪は朝倉氏の城郭技術によって改造されたと考えられている。また、虎口（入口）の形も、近世城郭につながる枡形の原初的形態を見せている。

この構造は、賤ヶ岳合戦の時に、柴田勝家が築城した玄蕃尾城と近いものがある。ただ、朝倉氏が大嶽・山崎丸・福寿丸を改造したのは事実だが、それらの曲輪はもともとなかった訳ではない。朝倉氏の軍勢が小谷城まで来て、自分たちが陣を置くために、改造したのではないかと考えられる。それは、古文書・記録上でも知ることができる。『信長公記』の元亀三年（一五七二）七月二十九日の記事に、朝倉義景が「浅井居城小谷へ参着候、然りと雖も此の表の為体見及び、抱へがたく存知、高山大ずくへ取り上り、居陣なり」とある。つまり、朝倉氏の軍勢は小谷城の主要部分には入れないと思い、大嶽に陣を構えたと読める。

さらに、『嶋記録』という史料がある。これは浅井氏の家臣で、旧近江町の坂田郡飯村（米原市飯）の地侍であった嶋秀安という人物が書いた年代記である。その中に浅井長政が、嶋氏に対して元亀三年（一五七二）八月三日に出した文書【3】が引用されており、「義景去んぬる晦日御着城、昨日に知善院尾筋に陣を寄せられ候」と書かれている。「知善院尾筋」というのは、先ほど記したように、小谷城の出口西側に知善院があったので、その裏から大嶽に登る尾根筋を指す。すなわち、山崎丸から福寿丸にかけてを、知善院尾筋と呼んだと考えられる。このようなことから、朝倉氏が大嶽、それに福寿丸・山崎丸を改造したということは間違いないと考えられる。

ここでは、秀吉が先鋒となった信長が、どういう経路をたどって小谷城を攻め、八月二十九日に浅井久政を小丸で切腹させたか。さらに九月一日に浅井長政を赤尾屋敷に追い詰めて切腹させ、浅井氏を滅亡させたかを復元してみよう。

## 秀吉が登った「水之手谷」

八月二十九日、秀吉はどの道を通って城へ突入したのか。実は、これが『信長公記』を読むと分かる。どこの入り口から小谷城に突入したか。まず、『信長公記』の小谷城攻撃の場面を引用しよう。

> 夜中に羽柴筑前守、京極つぶらへ取り上り、浅井下野(久政)、同備前(長政)父子の間を取り切り、先ず、下野が居城を乗っ取り候、爰にて、浅井福寿庵、腹を仕り候、さる程に、年来目を懸けられ候鶴松大夫と申し候て、舞をよく仕り候者にて候、下野を介錯し、さて其の後、鶴松大夫も追腹仕り、名与(誉)是非なき次第なり、羽柴筑前守、下野が頸を取り、虎御前山へ罷り上り、御目に懸けられ候、翌日、又、信長、京極つぶらへ御あがり候て、浅井備前・赤生(尾)美作生害させ、浅井父子の頸京都へ上せ、

ここでのポイントは、虎御前山に陣をおいていた秀吉軍が、小谷城の「京極つぶらに取り上り」と書いてあることだ。これで、小谷攻撃の道筋が推定できる。虎御前山があって、その前面に清水谷があるのだから、当然、虎御前山から小谷城を攻めるには清水谷を突破して行かなければな

らない。この清水谷を塞ぐ堀と土塁が第一関門になる。そして、そこを突破して清水谷に入って奥に向かうと、東側に小谷城Bの曲輪群に向かって「水の手谷」の道がある。そして、この「水の手谷」の道を登って行くと、「京極つぶら」、すなわち京極丸のすぐ下に出る。

清水谷を真っ直ぐ行くと六坊に抜けるのだが、「水の手谷」道を登って行くと、小谷城京極丸の西側腰郭にある虎口に達するのである。清水谷から京極丸に至る経路はこの道しかないので、秀吉が小谷城攻撃した経路は、この「水の手谷」に限定される。『信長公記』に従えば、この道しか秀吉の攻撃ルートはあり得ないと考えられる。現在、この京極丸西側腰郭の虎口は枡形も残り、中丸から入れるが、普通の小谷城見学では絶対行かない場所となっている。「秀吉突破の虎口」としてもっと注目されてよい。

### 元亀三年の「水の手谷」攻防戦

さて、この「水の手谷」だが、実は落城前年の戦いで、秀吉はこの谷まで侵入している。『信長公記』の元亀三年（一五七二）七月十九日の記事を引用しよう。

浅井居城大谷へ推し詰め、ひばり山、虎御前山へ御人数上せられ、佐久間右衛門（信盛）、柴田修理（勝家）、木下藤吉郎（秀吉）、丹羽五郎左衛門（長秀）、蜂屋兵庫頭（頼隆）に仰せつけられ、町を破らせられ、一支もさ、へず推し入り、水の手まで追ひ上げ、数十人討捕るとある。ここに出てくる「町」というのは、小谷城下町である。そこを破り、抵抗も受けずに侵入し、「水の手谷」まで攻め入ったということが記されている。この史料から、小谷城攻撃については、前年から信長軍は清水谷を通る、この経路を狙っていたことが分かる。

他方、坂田郡下坂中村の土豪・下坂(しもさか)氏の伝来文書に元亀三年（一五七二）五月十七日付の浅井長政宛行状【18】がある。この文書の伝来経緯を示した下坂一智入道の書置【17】が残っている（134頁参照）。その中に、「山崎丸より水之手へ取入(とりいれ)の時持せ候(そうろう)者討死仕り失い、此御書ハ我等の火うち袋へ入れ候て相残(あいのこ)り候」と記されている。小谷籠城の時に頂戴した他の文書は、山崎丸から「水の手谷」へ向かった家臣が討ち死にしたので紛失したが、この書状のみは自分の「火打石袋」に入れておいて携行していたので残ったと書かれている。この史料から見ても、山崎丸から「水の手谷」へ兵力を集中する場面があったことを示している。元亀三年七月の小谷城攻撃において、「水の手谷」で激戦があったことは確実と言える。

浅井長政自刃の地　小谷城赤尾屋敷
（辻村耕司撮影）

このような複数の史料から推すと、秀吉の小谷城攻めの道は、清水谷を突破し、「水の手谷」を斜めに登り、小谷城京極丸の下の虎口に取り付き、京極丸を落した後に北の小丸を攻め、そこを守っていた浅井久政を二十九日に切腹させる。翌日の九月一日には信長も京極丸に上がり、今度は南に向かって攻めたので、主郭である鐘丸・広間から浅井長政は退去し、鐘丸のすぐ東にある宿老・赤尾清綱の屋敷で、長政は自刃したことになる。

## 長政最期の場所はどこか

先の『嶋記録』には、長政最期の様子が書かれている。「長政ハアツカヒ（扱）ニテノキ給（たまう）約束也（なり）シカ、信長公高キ所ニアカリ居テ、赤尾美作・浅井石見ヲ隔テサセ、イケドルヲ見テ、長政ハ家へ下り入、切腹トソ」とある。「アツカヒ」というのは、仲裁が入ってと言う意味で、高き所というのは、たぶん京極丸のことだろう。長政は、信長に「もうここまで戦ったのだからもういいではないか。出てきたら命は助けてやる。」と言われ、一度は城を出ようとしたものの、家臣たちが捕まったのを見て憤り、切腹をしたというように読める。ただ、長政切腹の場所が、赤尾屋敷であったと明確には記していない。

長政が赤尾清綱の屋敷で自刃したという話、これが意外にも良質な史料には出てこない。実際に現地に行くと、そのことを示す石碑が建ってはいるが、確実な史料には長政の死に場所はどことも書かれていないのだ。『武徳編年集成』という江戸時代に作られた家康の一代記や、信長の一代記である『総見記』などには赤尾屋敷と記すが、他は地元の伝承で、そう言われている程度なのだ。しかし、私としてはこの話、地元の伝承を重視して赤尾屋敷とすることに異論はない。一連の古文書や記録からみる小谷落城の状況や、小谷城の縄張全体を考えても、赤尾屋敷での長政自刃を否定できる材料は見つからない。

## 小谷の屋敷群と城下町

近年、湖北町の個人宅から、小谷城を描いた絵図が新たに発見された。大きさは、縦一一九・五センチ、横九二・五センチ。十一枚の紙を継いで描かれている。この絵図は、これまで知られていた小谷城の図にはなかった多くの情報が記されているという特徴をもつ。

### 小谷城絵図の種類

小谷城を描いた絵図は、現在十数枚が確認されているが、大きく分けて二つの種類に分類される。一つ（A系）は、彦根城博物館A本、小谷城址保勝会蔵本などで、尾根上に連なる主要部分（我々が普通「小谷城」と呼ぶ部分）を「天」とし、清水谷をはさんで山崎丸・福寿丸を「地」に置いた図柄で描かれるものである。つまり城を、西側（琵琶湖側）から俯瞰（ふかん）した構図となる。「小谷城絵図」といえば小谷城址保勝会蔵本が有名なので、こちらを連想するのが一般的である。

しかし、「小谷城絵図」には、もう一つ（B系）の系統が存在する。彦根城博物館B本（以下、彦根B本と略す）、旧湖北町蔵本などで、清水谷を正面に据え大嶽（おおづく）を「天」とし向かって右に小谷城主要部、左に山崎丸・福寿丸を描き分けたものである。すなわち、城を南から俯瞰した構図となる。

## 新発見絵図の特徴

新たに発見された図は、B系に属するものである。但し、彦根B本、旧湖北町蔵本には着色があるが、本図は墨線で輪郭が描かれているのみである。なお、向かって正面右下に、「小谷山浅井備前守／御城家（ママ）之図」との裏書がある。構図の上では、以前から知られていた図と大きな相違がない本図であるが、そこに記された墨書（ぼくしょ）は、A系を含めた他の図にはない独自の内容で、その数も豊富なのが魅力である。

戦国時代から江戸時代の大名の城は、山上の城郭部分と、山下の当主・家臣団屋敷、それに城下町からなるが、小谷もその例にもれない。この図の墨書は、特に当主・家臣団屋敷があった清水谷と、その城下町に集中して見られる。

試みに、彦根B本の記述内容と対照してみると、本図の墨書が清水谷部分で三十ヶ所を数えるのに対して、彦根B本ではわずか九ヶ所である。さらに、城下町部分で五十八ヶ所を数えるのに対し、彦根B本は十二ヶ所である。これを見ても、いかに本図の情報が独自でかつ豊富であるかが分かるであろう。以下、いくつか注目すべき記述を見てみよう。

## 小谷城下の記載

本図（図5参照）には、清水谷と城下町を画する門が、いくつか描かれている。ここに列挙すると、「大手御門」「見付御門」「川口御門」があり、城の西側には「三ノ丸御門」が見える。

この内「見付御門」の存在は興味深い。「大手御門」の西にあり、この門を城下から清水谷に入ると、後に羽柴秀吉が長浜町内に移した知善院の前に出る。これまで、堀と土塁で仕切られた城下町と清水谷は、「大手御門」一つで結ばれていたと考えられてきたが、門が左右に二つあったことになる。「大手御門」が「越前街道」が突き当たる正面玄関なのに対して、「見付御門」はいわば通用門といったところだろう。

また、城の西側の郡上（ぐじょう）宿（長浜市小谷郡上町）から北へ延びる「越前街道」（北国街道）が「山田川筋」を渡る場所に「惣門」とあり、南の伊部宿（長浜市湖北町伊部）入口にも一つ「門」があるのが目に留まる。これらは、小谷城下町への入口に設けられていた門であろう。小谷城が城下町を含めた区域を城内と考え、防御の体制をとっていたことが知られるのである。特に「惣門」の記述は、小谷城々下町の北限を示す意味で重要である。もちろん、これらの門も、今まで知られていた絵図には、まったく記されていない。

小谷城絵図（個人蔵）　今まで知られていた絵図より墨書が多い

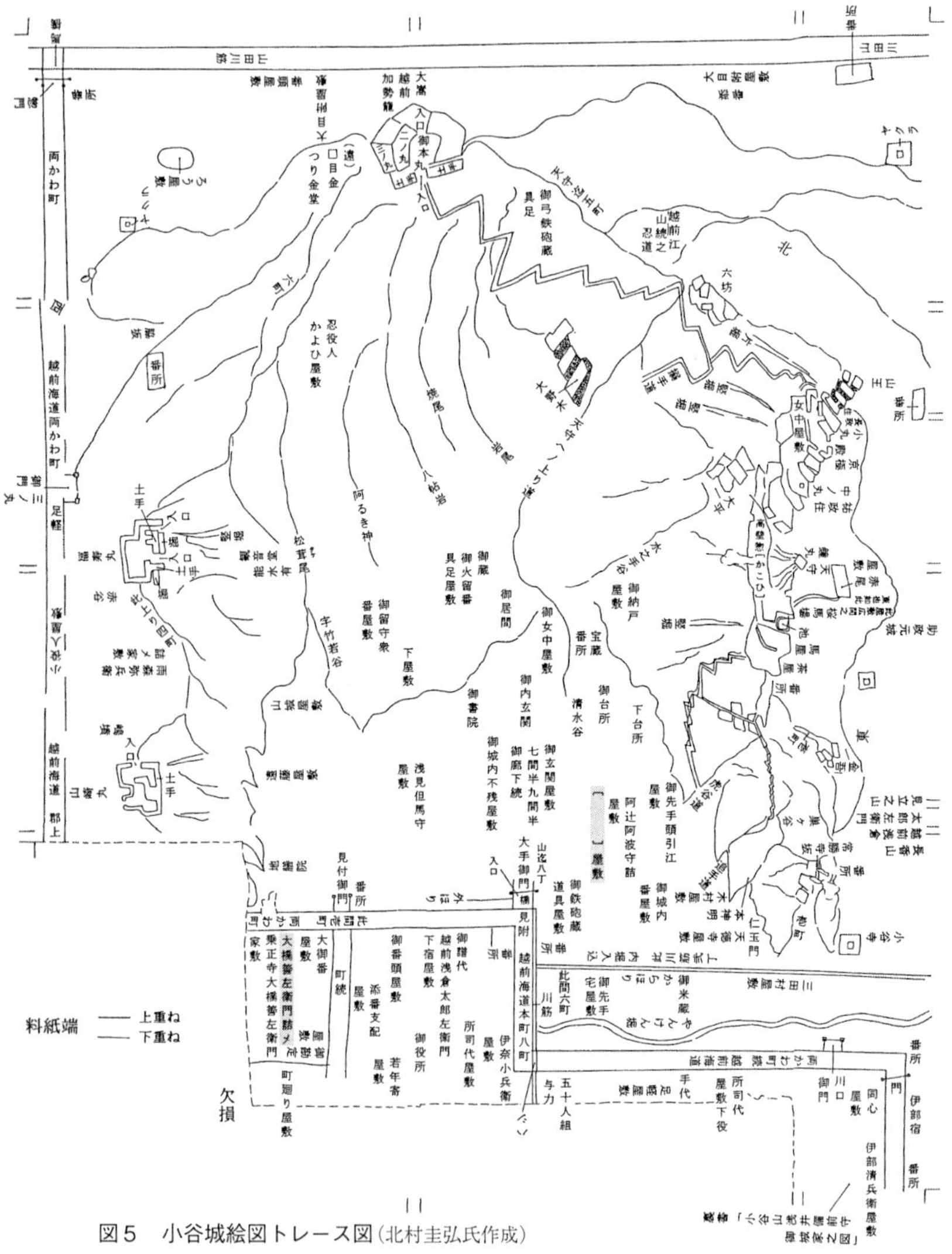


図５　小谷城絵図トレース図（北村圭弘氏作成）

その他の城下町の記載を見てみよう。墨書は、「若年寄屋敷」「所司代屋敷」「同心屋敷」など浅井氏家臣の役宅が目立つ。さらに、「大橋七左衛門屋敷」「伊奈小兵衛屋敷」など、浅井氏家臣の個人屋敷と推定されるものの位置も記されている。また、西側城下町の郡上宿付近には浅井氏の重臣であった「雨森弥兵衛」の「詰メ家敷（ママ）」の記述もある。これらも、これまでの絵図では知られていなかった情報で、小谷城下町が武家役宅・屋敷と町家とが混在した状態であったことを示す。これは武家屋敷と町家が完全に分離してしまった江戸時代の城下町とは異なる、戦国城下町の特徴を表わしている。

## 清水谷と山上の記載

浅井氏館や家臣団屋敷があった清水谷の中については、他の絵図にも載る「遠藤屋敷」「山城屋敷」「木村屋敷」など浅井氏重臣の屋敷の存在が、本図でも確認できる。さらに本図では、「浅見但馬守屋敷」「阿辻（閉）阿波守詰屋敷」など、他図にはない家臣屋敷の記述も見られる。

一方、A系の絵図から、清水谷の奥には「御屋鋪（おやしき）」と呼ばれる浅井氏居館があったことが知られているが、本図ではそれが「御居間」「御女中屋敷」「御台所」「御玄関屋敷」と、建物別に詳細に記されている。他のB系の絵図では館の存在すら示されず、A系の絵図では「御屋鋪」としか記さないので、本図で建物ごとの配置を表記しているのは、きわめて貴重な情報と言える。谷の奥に「御居間」、手前に「玄関」と、常識的にも納得できる屋敷の構造を示している。

山上部については、「本丸」や「京極丸」が連なる東側尾根上のA・B曲輪群から、正面の大嶽、それに西側の福寿丸・山崎丸にかけて、各曲輪の構造や縦横の間数（けんすう）、それに竪堀（たてぼり）（山の斜面に縦に掘られた堀）の位置、谷の名前などを記す。これは他の図と同じである。しかし、「御弓鉄砲蔵具足」「忍（しのび）役人かよい屋敷」「番所」など、一部他図にはない独自の記載も見えている。このように、山上そして城下町、清水谷内についても、屋敷や役宅などの建造物の位置を示す墨書が詳細な点が、本図の最大の特徴であろう。

残念ながら本図の墨書記事は、「若年寄」「五十人組与力」など、きわめて近世的な表現を用いており、浅井氏が活躍した戦国時代に記されたものではない。しかし、江戸時代のそう下らない時期に、地元の伝承をもとにまとめられたものと推定できる。これまでの小谷城絵図にはない情報を豊富に含んでいる事実は、今後の小谷城と城下町の復元研究に大いに参考となるだろう。

## 浅井長政の日常生活

### 小谷城からの出土資料

浅井長政や市が小谷城で如何なる日常生活を送っていたかを知る史料は、皆無に等しいのが実情である。確かに小谷城からは皿や天目茶碗、それに擂鉢(すりばち)やバンドコなどの日用品や鏡や菊皿など化粧道具も出土しているが、それらから長政や市の日常生活を類推することは不可能に近い。

ここでは、浅井長政が出した文書の中から、その日常生活を少しでも類推し得るものをピックアップして解説を加えてみよう。長政文書の中に家臣や寺社から贈られた品物に対する礼状が数通あるが、それらは小谷城の浅井長政が何を使い、食物であれば何を食していたかを示している。少々細かな話となるが、ここでは品物と贈り主を列挙してみよう。

## 長政への贈物

永禄四年（一五六一）二月十一日には、多賀大社から香水が二種類贈られたことが分かるが、同大社からは、新年に当たり神前に供えられた米を贈られたことも、正月七日（年未詳）の文書から知られる（多賀大社文書）。正月の小谷城では、こうした神仏に供えられた米が多く集められ、長政一族や家臣たちが食して、その年の無事を祈ったものであろう。

元亀二年（一五七一）六月十七日には、島秀宣(ひでのぶ)から鮎三百を贈られた（『嶋記録』所収文書）。この鮎は、島氏が本拠とした坂田郡飯村(いいむら)（米原市飯(いい)）を流れる天野川でとれたものであろうか。九月十一日（年未詳）には、三尺に及ぶ鮭を家臣の浅見新右衛門から贈られている（大阪城天守閣所蔵文書）。晩秋の九月には、秋の味覚の贈り物が多い。九月十五日（年未詳）には、家臣の加藤内介から木練柿（こねり）一籠が贈られ（加藤文書）、九月十九日（年未詳）には松茸が実性房から贈られている（旧南部晋氏所蔵文書）。

木練柿は、通常の柿より小ぶりの品種で、この柿を贈った加藤氏は、坂田郡常喜（じょうき）村（長浜市常喜町）の土豪。その子孫宅では確かに長政に柿を贈ったという伝承があり、その柿の木が、最近まで屋敷の北西に残っていたという。松茸は小谷城の長政へ贈られたものだが、実は小谷山自体が松茸の産地として著名であった。後に天下人となった秀吉が、浅井郡尊勝寺村（長浜市尊勝寺町）の称名寺から、小谷山の松茸を贈られた礼を述べた朱印状が残っている程である（旧下郷共済会所蔵文書）。松茸の贈り主である実性房の所在地は不明だが、長政は「殊（こと）に松茸未（いま）だ見及ばず、目を驚かせ別（べっし）て賞翫（しょうがん）極（きわ）まりなく候」と礼状に記している。

長政は二月十二日（年未詳）、鉄砲で撃った青鷺（あおさぎ）を、家臣の多賀備中守から贈られ（【9】個人蔵文書）、十月十日（年未詳）、同じく鉄砲で撃った雁を、家臣の堀秀治から贈られた（宮川文書）。何れも長政が食したものだが、鉄砲で捕獲したとわざわざ断っているのが興味深い。ただの青鷺や雁は珍しくないが、新兵器として流通し始めた鉄砲で撃った点が珍しかったのである。長政の領国である北近江には、江戸時代に火縄銃の一大生産地として発展する国友村があり、この贈物は国友での鉄砲生産との関連が指摘できる。

## 浅井長政屋敷の場所

贈物の礼状以外としては、二月二日（年未詳）に椀と折敷六セットを、小谷城へ拝借したいと、長政が竹生島寺へ依頼している文書が注目される（竹生島文書）。おそらく、節分会に使用する食器が不足したのだろう。浅井氏の節分会は、通常であれば浅井長政夫婦の居所である小谷城の麓・清水谷の最奥「御屋鋪」と呼ばれる場所で開催されたと推定される。

約四十年さかのぼる天文三年（一五三四）、長政の祖父に当たる浅井亮政が行なった京極親子の饗応も、この清水谷の屋敷で行なわれたと考えられている。先に長政の元に届いた様々な贈物も、この清水谷の「御屋鋪」で使われ、長政や市の食卓に上がったものだろう。

# 三　浅井長政と家臣・寺院

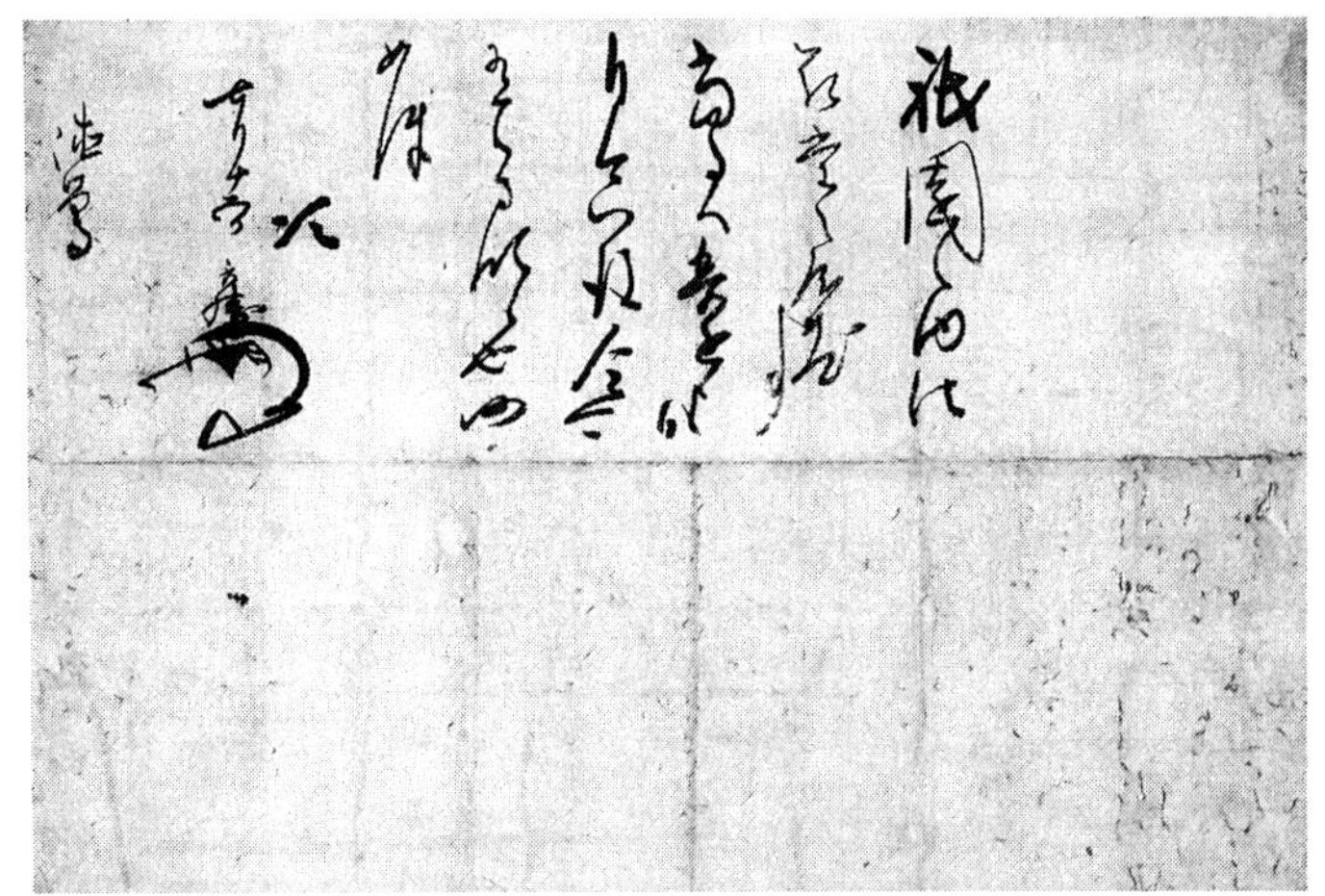

羽柴秀勝判物　徳昌寺宛（徳勝寺蔵）

## 赤尾清綱と小谷三人衆

### 浅井氏重臣「雨海赤」

浅井氏の家臣と言えば、「雨海赤の三傑」（近江輿地志略）という言葉がある。あるいは、「海雨赤の三士」（淡海木間攫）とも、「海北善右衛門・雨森弥兵衛・赤尾作州小谷三人衆」（嶋記録）ともされる。すなわち、浅井氏家臣の内、雨森氏・海北氏・赤尾氏が特に重臣であったとする考えで、『嶋記録』はこれを「老分」と表現している。近世でいう家老であろう。結論から言うと、これは『浅井三代記』によって創作された話と考えられる。同記では亮政の段階から、三氏がずば抜けて活躍したように描くが、これは古文書など一級史料からは、まったく確証が得られない話なのである。以下、三氏について、歴史的事実として分かっていることを紹介しておこう。なお、『嶋記録』は古文書の引用など、信憑性がある一次史料の部分と、「覚へ」などの後筆部分があり、三人を「老分」などとする部分は、後筆部分に記されている。

### 海北友松の父・善右衛門尉

海北善右衛門尉は、名を綱親といい安土桃山期の絵師として著名な海北友松の父にあたる。彼の名が古文書上に表れるのは、年

海北友松像（五先賢の館蔵）

不詳正月十三日付け島秀安宛「葛岡入道宗三書状」（【10】嶋記録）に、「海善」と「雨弥」が討ち死にしたとの記事が見えるのみである。「海善」は海北善右衛門尉の略であり、「雨弥」は雨森弥兵衛の略であろう。この二人の死亡記事が事実かは不明だが、浅井氏家臣としての海北善衛門尉綱親の姿が、良質な史料に見えるのはこの一点のみである。海北家が浅井氏重臣とする話は、後に友松という大画家を出し成功した海北家を顕彰するため、『浅井三代記』の著者が捏造したものと考えたい。

## 雨森氏と弥兵衛

次に雨森家であるが、その当主と見られる弥兵衛が、古文書上に登場するのは、上記の『嶋記録』所収文書と、天文十三年（一五四四）五月一日付け垣見助左衛門尉宛の浅井久政書状（垣見文書）のみである。この文書では、浅井久政が垣見氏に対して「下坂又次郎遺跡」などを与えるのに際して、使者を雨森弥兵衛尉がつとめていたことが分かる。

雨森氏館跡の土塁　雨森芳洲庵内（辻村耕司撮影）

また、弥兵衛以外の雨森氏の名は、松江「雨森文書」に雨森次右衛門尉、その弟の菅六の名が見えている。前者は永禄四年（一五六一）二月九日に浅井賢政（長政）から感状を受けたが、姉川合戦で討ち死にしている。一方、福島「雨森文書」には、雨森氏が氏寺の妨害者があれば届け出るようにと、浅井亮政から指示を受けている文書がある。これらの文書からは、雨森弥兵衛はもちろん、同氏が浅井氏重臣であったことを確かめることはできない。雨森氏が浅井氏重臣であったことも、『浅井三代記』による捏造と考えた方がよい。ただ、なぜ雨森氏を重臣として扱ったかについては、海北氏のように明確な理由は見出し得ない。

## 筆頭宿老・赤尾清綱

最後に赤尾美作守（みまさかのかみ）（作州）清綱であるが、彼が浅井氏の重臣であったことは、他の二氏とは相違し歴史的事実と言えよう。特に長政期には、その筆頭宿老としての地位を確立していた。永禄四年（一五六一）七月一日に浅井氏方の太尾城攻撃に際して、今井定清が味方討ち（背後から誤って討たれる）にあう事故が起きた。この事故を、赤

郵　便　は　が　き

お手数ながら切手をお貼り下さい

5 2 2-0 0 0 4

滋賀県彦根市鳥居本町 655-1

# サンライズ出版 行

〒

■ご住所

■お名前（ふりがな）　■年齢　　歳　男・女

■お電話　■ご職業

■自費出版資料を　希望する ・ 希望しない

■図書目録の送付を　希望する ・ 希望しない

サンライズ出版では、お客様のご了解を得た上で、ご記入いただいた個人情報を、今後の出版企画の参考にさせていただくとともに、愛読者名簿に登録させていただいております。名簿は、当社の刊行物、企画、催しなどのご案内のために利用し、その他の目的では一切利用いたしません（上記業務の一部を外部に委託する場合があります）。

【個人情報の取り扱いおよび開示等に関するお問い合わせ先】
サンライズ出版 編集部　TEL.0749-22-0627

■愛読者名簿に登録してよろしいですか。　□はい　□いいえ

ご記入がないものは「いいえ」として扱わせていただきます。

# 愛読者カード

ご購読ありがとうございました。今後の出版企画の参考にさせていただきますので、ぜひご意見をお聞かせください。なお、お答えいただきましたデータは出版企画の資料以外には使用いたしません。

**●書名**

**●お買い求めの書店名（所在地）**

**●本書をお求めになった動機に○印をお付けください。**

1．書店でみて　2．広告をみて（新聞・雑誌名　　　　　　　　　）

3．書評をみて（新聞・雑誌名　　　　　　　　　）

4．新刊案内をみて　5．当社ホームページをみて

6．その他（　　　　　　　　　）

**●本書についてのご意見・ご感想**

**購入申込書**　小社へ直接ご注文の際ご利用ください。お買上 2,000 円以上は送料無料です。

書名　　　　　　（　　　冊）

書名　　　　　　（　　　冊）

書名　　　　　　（　　　冊）

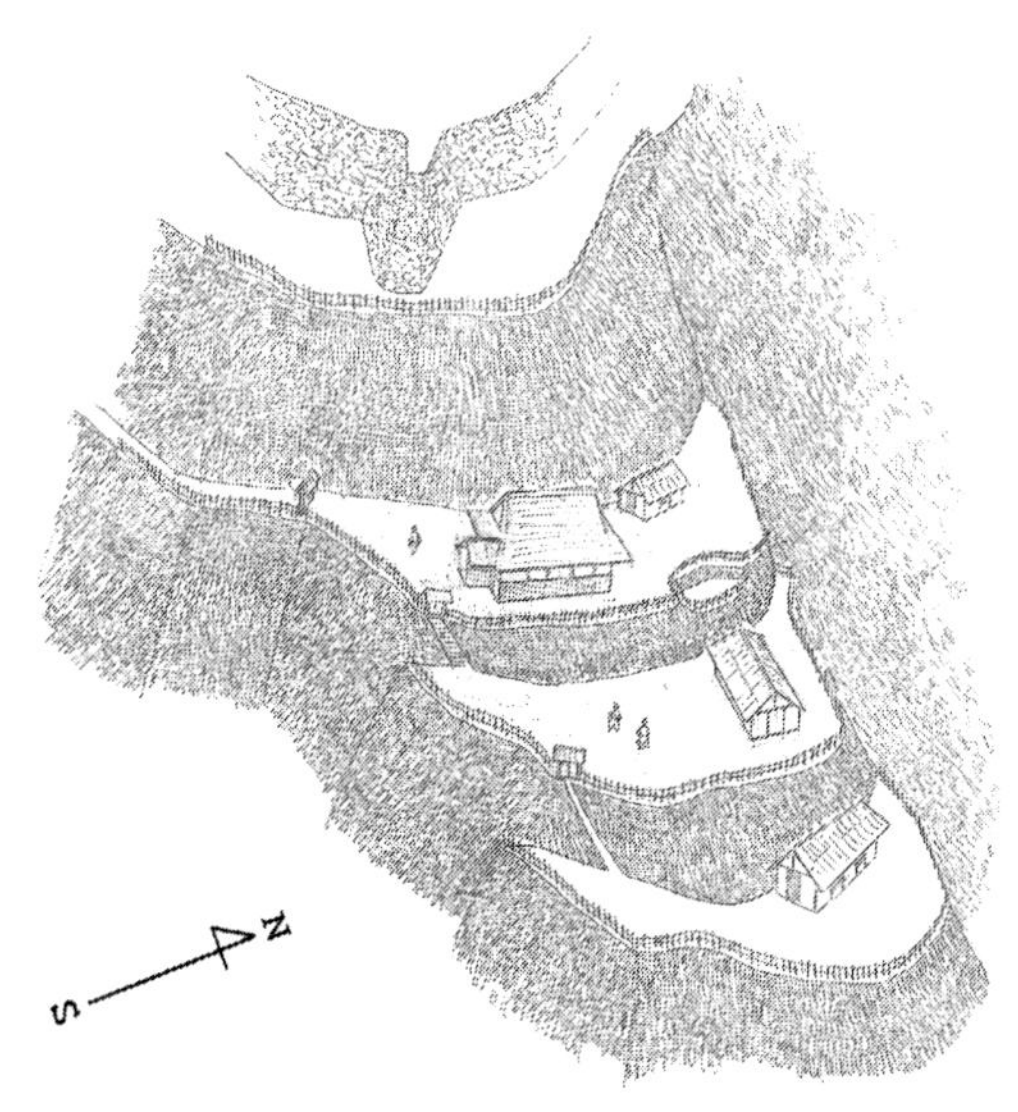


小谷城赤尾屋敷復元図（長浜み〜な協会提供）

尾清綱が今井一族やその家臣たちに謝罪している文書【11】が『嶋記録』に残っている。ここで、赤尾氏は「末代浅井家において遁（のが）れ申されざる子細に候（そうろう）、備前守（長政）其の覚悟勿論（もちろん）に候」と述べ、浅井家や長政に代わって謝罪につとめている。赤尾清綱は、まさに浅井長政の名代になり得る立場にあったのである。

また、小谷城における重臣たちの屋敷地は、その多くが清水谷に置かれたが、赤尾氏屋敷のみは、山上の本丸東に置かれたとされ、現在もその跡が曲輪として現存する。浅井長政は、天正元年（一五七三）九月一日の落城の際、この赤尾屋敷において自刃したと伝える。赤尾氏のみ清水谷にではなく、本丸近くに屋敷を持てていた事実は、浅井氏家臣団において、同氏が特別な地位を与えられていたからであろう。

以上のように、浅井氏家臣団の構成については、「雨海赤の三傑」の伝承は否定し、少なくとも長政段階では、赤尾氏を頂点とした構成を想定すべきだと思っている。赤尾氏以外では、織田信長との戦闘の中で、支城主として登場する堀秀村・磯野員昌(かずまさ)・阿閉貞征(さだゆき)・浅見対馬守らは、軍(いくさ)奉行として特別な地位にあったことが予想される。また、『竹生島文書』の中で島と関係者の利害調整に奔走する中島直親や遠藤直経は、長政側近として特別な役割を担っていた可能性がある。

## 姉川合戦で奮戦した遠藤直経

米原市顔戸の日撫(ひなで)神社の境内、拝殿に向かって左に、真柄(まがら)十郎左衛門と遠藤喜衛門(尉)が、「力くらべ」をしたという石が存在する。真柄十郎左衛門は、越前の朝倉義景の家臣、遠藤喜右衛門は、浅井長政の家臣である。

昔、この神社の境内で、両者が「力くらべ」した際に使ったものだという。この「力くらべ石」にまつわる伝承は、それ自体大切にすべきで、その虚実を云々するのは無粋な話だろう。ただ、なぜ真柄と遠藤なのか。この辺、二人の経歴を探ってみたくなる。

力くらべ石　米原市顔戸（日撫神社境内）

真柄十郎左衛門は、名を直隆（直澄とも）といった。姉川合戦の時に、朝倉氏の家臣として、五尺三寸（約一六〇センチ）の大太刀を振るって活躍したが、徳川家康の家臣・匂坂式部・吉政に討ち取られた。現在も、石川県の白山比咩神社や愛知県の熱田神宮などに、直隆が使ったとされる大太刀が伝存している。朝倉氏の家臣としては、北近江で最も名が通っていた人物とみてよいだろう。「力くらべ」の一方にその名が登場するのは当然と言える。

## 遠藤直経の本貫地

もう一人の遠藤喜右衛門は、名を直経という。その本貫地は、坂田郡須川村（米原市須川、旧山東町）との説と、坂田郡宇賀野村（米原市宇賀野、旧近江町）との説があり、江戸時代以来、二説混乱している。たとえば、江戸後期に編纂された『淡海木間攫』という地誌では、須川村の項に「往古此所ニ遠藤喜右ヱ門ト云ウ武士居住ス、浅井三世ニ度々忠信ヲ尽シ、勇ヲフルヒシ事頗ル多シ」とある。

一方、同書の東宇賀野村の項にも、「昔遠藤喜右ヱ門ト云ウ士居住スル」と記し、一冊の本の中で矛盾が生じている。須川には、現在も喜右衛門一族の墓、遠藤氏の城跡や堀跡が現存している。また、戦国時代に成立したと言われている『嶋記録』によれば、遠藤氏は東宇賀野の侍であると記述している。

『改訂近江国坂田郡志』第二巻では、浅井氏が六角氏の侵入を防ぐため、天文年間（一五三二〜五五）に、遠藤氏を須川から宇賀野に移したと推定しているが、根拠がある話ではない。結局、直経の本貫地は二説あって定まらないというのが現状であろう。

## 姉川合戦での戦死

遠藤直経と言ってまず想起されるのは、姉川合戦での憤死である。『信長公記』によれば、直経は、竹中半兵衛の弟・久作によって討ち取られたとある。さらに、久作は直経の首を取ることを、以前から公言していたという。敵から首を狙われる程、直経は浅井家臣団内で有名だったことになる。現在も、姉川古戦場にあたる垣籠町の北、東上坂町の東南の田地中に、「円藤」という小字が残り、「遠藤塚」と呼ばれる場所がある。近年の圃場整備で南へ少し移動したが、直経が戦死した地と伝えている（151頁参照）。

江戸後期に編纂された『浅井三代記』では、直経は武将の首を提げ信長軍になりすまし、信長の近く十間（約十八メートル）まで近寄ったが、竹中久作重矩が「脇目を多く使うので味方ではない」と見破り、討ち取られたと記している。また、織田信長が柏原の成菩提院に宿泊した際、従っていた直経は小谷に一時帰り、信長殺害の計画を相談したが、長政が許可しなかったので、計画は未遂に終わったという話を『浅井三代記』は掲載している。

## 直経の実像と伝承

多賀大社に三十六歌仙屏風がある。現在は六曲一双（六枚折の一隻屏風が二点）の屏風で、一扇（十二枚）に三枚の歌仙絵が貼られているが、もともとは一面ずつ扁額として、多賀大社の拝殿に奉納されたものである。

その中の一隻、向かって右下の「中務」の一枚に、「奉掛之　遠藤喜右衛門尉直経敬白　永禄十二年十一月吉日」と墨書銘が入っているのを読み取ることができる。つまり、この三十六歌仙の扁額は、永禄十二年（一五六九）十一月に、直経が多賀大社へ寄進したものなのだ。当時の浅井家は京都に登った信長と同盟を結び、最も繁栄した時代を迎えていた。その重臣であった遠藤直経も、文芸に心を費やす余裕があったことを示している。この他、竹生島や大原観音寺などに、直経が出した文書が現存している。

先にも触れた『嶋記録』では、直経のことを「東宇賀野侍遠藤喜右衛門尉といふ御前さらすのきり物あり」と表現している。つまり、長政側近の「切れ者」だったという意味である。『嶋記録』のこの部分は、浅井氏時代の評判などを忠実に伝えていると考えられる。遠藤直経は長政側近として早くから知られ、最も有名な浅井氏家臣だったと言えるであろう。そのことが、さまざまな伝承を生む源泉となっている。

特に、先の日撫神社に「力くらべ石」の伝承が残ったのは、同社が遠藤氏の本貫地候補の一つである宇賀野村を氏子圏としていたからであろう。『浅井三代記』に載る逸話も含めて、直経伝説をそのまま真実だとは断定しがたいが、伝承の背景に見え隠れする直経の実像は、北近江の戦国時代を考える重要な情報として大切にしたい。

## 浅井氏家臣の館「下坂氏館跡」

### 下坂氏の屋敷と歴史

下坂氏館は近江国坂田郡下坂庄(長浜市下坂中町周辺)の村落領主下坂氏が居住した屋敷跡である。このような村落領主の屋敷は、浅井氏の家臣の屋敷で、湖北にもいくつか残るが、城郭史において「平地城館」と呼ばれる城郭形態の一つに分類される。あるいは、曲輪が一つしかない「単郭方形」の城と呼ばれることもあるが、下坂氏館の場合、主郭の他に東側の副郭(ふくかく)など複数の曲輪で構成されていたので、この呼称は当てはまらない。

同氏の出自については諸説あるが、その相伝文書である「下坂家文書」(長浜市指定文化財)

には、建武三年（一三三六）七月二十五日付け下坂治部左衛門尉宛「足利直義感状」があり、すでに南北朝時代には武将として活動していたことが知られる。その後、「応仁文明の乱」から戦国末期にかけて、北近江の守護であった京極氏や、戦国大名の浅井氏に仕えたことが、相伝文書から読み取れる。特に戦国時代の当主であった正治（一智入道）は、浅井長政と共に小谷籠城し、織田信長や木下（豊臣）秀吉と戦っている。

## 村落領主としてのあり方

京極氏や浅井氏の家臣となった村落領主を、通常「土豪」・「地侍」と呼ぶが、彼らが武士として台頭するのは、十五世紀の後半に起きた「応仁文明の乱」前後である。その百五十年程前の南北朝時代から、合戦参加等の動向が追える戦国期の「土豪」・「地侍」は、北近江では下坂氏のみである。その意味では、下坂氏は「土豪」・「地侍」よりは規模が大きく、鎌倉時代からの由緒がある「国人（こくじん）」に近い存在と考えるべきだろう。

浅井氏滅亡後は帰農するが、江戸時代は百姓と武士の中間となる「郷士（ごうし）」身分として、中世同様に地域で大きな影響力をもつ存在であった。近世大名家の家臣や旧浅井氏家臣の家と姻戚関係を持ち、戦国以来の村内家臣との儀礼も継続されるなど、村人から超越した独自の立場を守り続けた。幕末には、板倉槐堂（かいどう）・江馬天江（てんこう）など、主に京都で活躍した「幕末の志士」の支援者を出

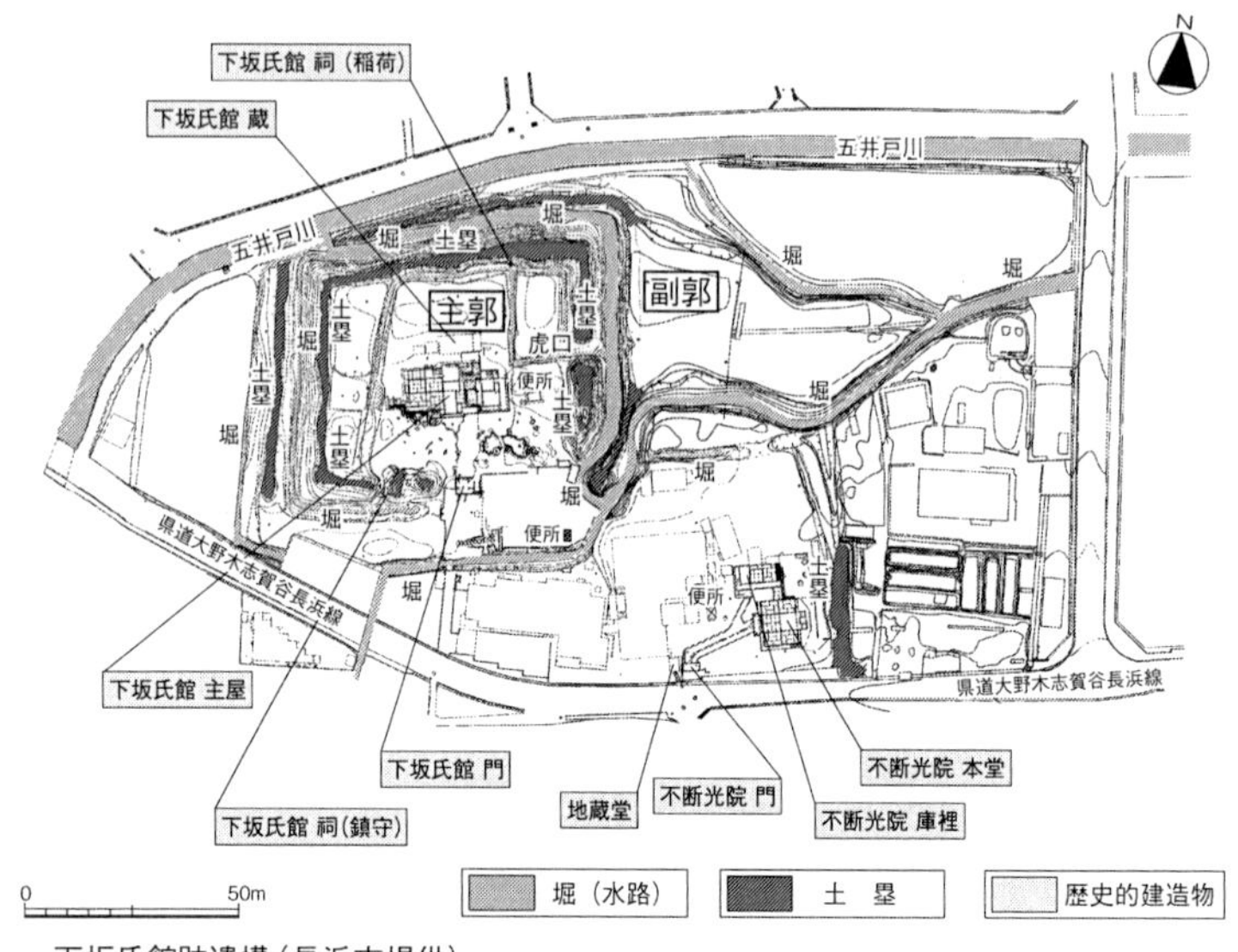


下坂氏館跡遺構（長浜市提供）

している。特に坂本龍馬暗殺の現場にあった「寒椿図」は槐堂の画として知られ、その友好関係を物語る作品と言える。この画は、現在国の重要文化財に指定されている。

## 下坂氏館跡の立地

館跡は今も「幸内さん」（江戸〜明治時代の当主名）と呼ばれ、医業を営む子孫が創業した医院に隣接して存在する。長浜市下坂中町にあり、平成十八年一月二十六日に浅井氏家臣の屋敷群「北近江城館跡群」の一ヶ所として国指定史跡となった。同町は江戸時代に下坂中村と呼ばれたが、その館は東西に長い下坂中村集落の北部に存在する。下坂中村は、下坂庄の「中村」の意味で、他に下坂浜町・高橋町・大戌亥町が庄域に含まれた。下坂氏が庄園をまとめる地頭職（じとうしき）

を得ていたことと、その屋敷が庄園の中心を意味する「中村」にあったことは、密接な関連があると推定できる。

また、規模が小さく村人に近い存在の村落領主は集落内に屋敷があるが、集落から外れた北部にその屋敷が立地していることは、下坂氏と村落の関係を考える際に重要な示唆を与える。下坂氏が村落から独立性が高い存在であったことが、その立地に表われていると言えよう。

## 下坂氏館跡の発掘成果

長浜市教育委員会では平成七年（一九九五）に屋敷全体の測量調査を実施し、平成十六・十七年（二〇〇四・〇五）には、遺構の時期等を確認するため、合計十ヶ所のトレンチを設定して発掘調査を行なった。その結果、土師器（はじき）や輸入陶磁器など十四世紀～十六世紀の遺物が出土し、また建物・土塁・排水路などの跡や階段状遺構などを検出した。これにより、十四世紀つまり南北朝時代から、下坂氏が「土豪」・「地侍」として活動していたことが確認された。文献の初見年代と、発掘結果が、ほぼ一致したのである。

なお、平成十九年・二十年（二〇〇七・〇八）には国指定範囲外への遺構の広がりを確認する調査を行ない、平成二十六年（二〇一四）には主屋内の地盤確認調査が実施され、現在の主屋の地盤面の造成が戦国時代に当たる十六世紀に短期間に行なわれたことが分かった。これらの成果から、主屋を中心とする現在の景観が、戦国時代の状況を踏襲していることが立証されたのである。まさしく、戦国大名家臣の館跡が眼前に広がっていると言えよう。

## 下坂氏館跡の形状

下坂氏館の主郭は、東西約八十九メートル、南北約八十七メートルの範囲があり、高さ一メートルから二メートル、幅二メートルから五メートルの二重の土塁が、北から西に回っている。土塁は東側にも良好に残るが、ここは一重で後述する東の副郭につながる。また、南側は西半分には一重の土塁が残るが、東半分については近代になって崩されている。主郭内の南西部分の高まりについては、下坂家の者が有事の際、当所に立て籠もって防戦したという伝承がある。

南側のヨシ葺きの表門は、切妻の薬医門で桁行柱間三間・梁行一間、十八世紀前期の建築と推定され、当初からの虎口(城の入口)の場所に建つと考えられる。また、主郭の東側には幅七メートルの虎口が現存しており、東側の副郭につながる。この副郭は東西六十メートル程の平坦地であり、副郭の主郭虎口につながる部分から、平成十六年・十七年の発掘調査によって階段状の遺構が発見されているので、主郭と関連した施設が存在したことが明らかである。

## 館跡の建物と菩提寺

主郭の中央に建つ主屋は、明治以降は医院として使用されてきた。建立は十八世紀後期にまで遡り、入母屋造りのヨシ葺きで、桁行十間・

梁行二間半の巨大な豪農住宅である。正面やや右寄りに入口を設け、入口から入った所から梁方向にニワ（土間）が続き、その左手に二列三室に居室を並べる。昭和五十年代前半まで医院だった頃は、居室のニワに近い部分に診療室や薬局があり、奥に居間・座敷・仏間が並んだ。

屋外に目を向けると、屋敷の鬼門に当る東北の土塁上に稲荷社を祀っており、その反対に当たる裏鬼門の西南には鎮守社を祀る。上座敷の南に当たる主庭には、後鳥羽天皇の腰掛石と伝承される景石も存在する。表門の南に子孫が創業した医院と駐車場があるが、ここはかつて畑で「馬場」と呼ばれていたという。その他、主屋の周辺には土蔵・便所・灰小屋が現存する。

主郭の東南、副郭の南には下坂家の菩提寺である高雲山不断光院が存在する。同寺は浄土宗でその開基は不明だが、中世まで遡る法然上人像や阿弥陀三尊来迎図を所蔵するので、下坂氏が台頭した南北朝時代からの寺院と考えられる。現在のヨシ葺の入母屋造り、桁行五間・梁行四間の本堂は、棟札から正徳五年（一七一五）建造で古式な浄土宗本堂の形態を伝える。ヨシ葺きで薬医門の表門は、館跡の表門と同じ形態で、時代も同じ十八世紀前期の建立と見られる。本堂の北にある切妻造りで桟瓦葺の庫裏は、十八世紀後期の建造物と考えられている。

## 史跡としての評価と今後

中世の「土豪」・「地侍」クラスの屋敷が、これほど良好に残存している遺構は、近江国内はもちろん、全国的に見ても例がないと見られる。市内では、同じく「北近江城館跡群」として国指定となっている三田村氏館跡（167頁参照）が匹敵するぐらいである。かつ、菩提寺が隣接して現存している点は、室町・戦国時代の村落領主の生活形態を知る上で、きわめて貴重な文化財と言える。言ってみれば、石田三成や小堀遠州が幼少期を過ごした屋敷が、現代にそのまま伝存したと考えていいだろう。

令和元年（二〇一九）十一月二十七日、下坂氏の子孫のご好意によって、館跡と不断光院の敷地・建物すべてが、長浜市に寄附された。長浜市は、この貴重な遺構を、地元の「下坂氏館跡を守る会」や「六荘地区地域づくり協議会」の協力を得ながら、未来永劫にわたって保存・伝承していくことはもちろん、その公開・活用を行なっていく考えである。令和二年八月八日からは土日祝日に限って一般公開されている。主屋内を資料館として、すでに寄附を受けている下坂氏伝来の歴史資料の展示も行なっている。今後、長浜市南部における地域づくりの拠点となり得るであろうし、観光拠点として小谷城跡などの周辺史跡との連携が期待できる。

## 浅井氏の菩提寺・徳勝寺

### 寺伝による徳勝寺の草創

徳勝寺の寺伝によれば、同寺は元「医王寺」と言って、浅井郡下山田村（長浜市下山田）にあったとされる。開基は応永年間（一三九四〜

一四二八）で、開山通峰真宗による。その後、五世の龍山株源の永正十五年（一五一八）に、浅井亮政が小谷城清水谷に移して、その菩提寺とした。この徳勝寺の草創について、享保十九年（一七三四）に成立した近江国の地誌である『近江輿地志略』は、以下のように記す。

古昔医王寺と号し浅井郡山田村にあり、永正年中浅井亮政の命に依て小谷の山麓、清水谿に移る、伊部月ヶ瀬の二村に於て食邑を充つ、開山通峯実（真ノ誤）宗大和尚、浅井備前守亮政没後亮政の諡徳勝寺救外宗護大居士といふを以て、亮政追福の為に医王寺の号を改め徳勝寺と号す、

ここで、先の寺伝になかった部分を付け加えれば、浅井亮政によって小谷城清水谷に移転した際の所領は、浅井郡伊部・月ヶ瀬二村において与えられていたこと。それに、浅井亮政没後、その諡号「徳勝寺救外宗護大居士」に従い、寺号を医王寺から徳勝寺に改めたことであろう（開山の通峰真宗が、寺名を改めたとする『近江輿地志略』の記事は誤り）。

この小谷城に移転する以前の医王寺跡とされる場所が、長浜市下山田の日吉神社境内である。その地には、現在「史蹟　医王寺跡」と記された石柱が立っている。また、小谷城清水谷に移転した場所は、54頁の図3に示されている（「徳昌寺」とある）が、現地には「徳勝寺址」と刻まれた石柱が立つ。清水谷の最奥には、亮政・久政・長政三代や「お市の方」が生活したであろう浅井家の「御屋鋪」（図3では「浅井館」とある）があったが、徳勝寺跡はそのすぐ手前に当る。

小谷城清水谷徳勝寺跡（辻村耕司撮影）

浅井三代の墓　長浜市平方町徳勝寺境内（辻村耕司撮影）

## 徳勝寺と医王寺

寺伝では徳勝寺の前身が、医王寺と言われているが、現在徳勝寺に伝来する市指定文化財となっている二通の文書は、徳勝寺と医王寺が別の寺であったことを示している。その文書を書き下しで引用する。

**羽柴秀吉判物**

当寺領として、井口内を以て参拾石寄進せしめ候、全く寺納聊も相違有るべからず候の状、件の如し、

天正四
十月十五日　羽柴筑前守
秀吉（花押）

医王寺　侍者御中

**羽柴秀勝判物**

祇園の内、法花堂の屋敷の事、当寺へ寄進申し候、自今より以後、全く御寺領あるべく候也、件の如し、

次

七月十五日　　　　　　秀勝（花押）
徳昌寺

後者の羽柴秀勝は織田信長の五男で、秀吉の養子となった人物であるが、通常「於次（お）秀勝」と呼ばれる。この文書に年号はないが、森岡榮一氏によりその花押の形態から、天正十年（一五八二）の七月十五日付と推定されている。また、長浜市教育委員会発行『長浜の文化財』では、「徳勝寺八世の住職源秀は、秀吉の養子お次羽柴秀勝の学問の師として仰がれていたので、この寺領の寄進があった」と述べている。

ここで、先の二通の文書を見直すと、まず天正四年（一五七六）の段階で、秀吉から寺領を与えられた医王寺があり、その六年後の天正十年（一五八二）に秀勝から寺領を与えられた徳勝寺があったことになる。つまり、医王寺と徳勝寺は併存（へいそん）していたことを示し、三十年程前に当る浅井亮政の没後、医王寺は徳勝寺と改称していたとする寺伝は、この二通の文書からは説明がつかない。

結論から言えば、徳勝寺と医王寺は別の寺なのである。現在の長浜市堀部町には、医王寺跡と言われる場所がある（『改訂近江国坂田郡志』五）が、現在も同町には、集落南の山際に小字「医王寺」がある。天文五年（一五三六）五月六日付けの伊吹社奉加帳（滋賀県指定文化財）にも、二百文を寄進した医王寺の名前が見えているが、その右肩には「堀部」の文字が記されている。医王寺は堀部にあった寺なのである。なお、伊吹神社は坂田郡伊吹村（米原市伊吹）にあった神社である。

徳勝寺と医王寺が別の寺であることは、後に触れる「徳勝寺授戒帳」でも確認できるが、天正十年（一五八二）以降に医王寺が廃絶し、徳勝寺がその寺跡を吸収したと考えるべきであろう。なお、浅井氏や秀吉時代の「徳勝寺」の表記は、「徳昌寺」であったことも、ここで確認しておく。後述する天文年間（一五三二～五五）の「徳勝寺授戒帳」を見ても、その表記は「徳昌寺」で統一されている（本書では便宜上、浅井氏・秀吉時代の「徳昌寺」についても、「徳勝寺」の表記で統一する）。

## 徳勝寺授戒帳の成立と伝来

浅井氏の菩提寺で、かつ浅井氏館の隣にあった徳勝寺には、浅井氏関連の多くの古文書が伝来していたと考えられる。しかし、現在残るのは唯一「徳勝寺授戒帳」と称される一冊の帳面のみである。この冊子は縦二三・九センチ、横一八・〇センチをはかり、本来は当寺に保存されていたものだが、現在は長浜にある一般財団法人下郷共済会の所蔵資料となっている。本書は、小谷城清水谷の徳勝寺、坂田郡堀部村の医王寺、それに美濃国不破郡岩手村（現在の垂井町岩手）の禅幢寺（ぜんどうじ）などで、天文年間（一五三二～五五）に授戒した四百八十人の名簿である。

「授戒」とは仏教徒として、その教えに従った生活規範を守ることを誓約することである。戦国時代の曹洞宗では、宗派の教えを武士階級以外の一般庶民に広めるため、この授戒会(じゅかいえ)を各地で行なっていた。この「徳勝寺授戒帳」に記された授戒会は、徳勝寺で五回、医王寺で二回、幢岩寺(場所不明)で一回、禅幢寺で二回と、複数の寺で数回行なわれたものを一冊にまとめて記している。これは、湖北や西美濃における曹洞宗の広がりを示すと共に、徳勝寺七世雄山種英が、各地に出向いて授戒会を開催していたことを表していよう。

表紙は近代の後補で、「徳昌寺医王寺禅幢寺授戒帳　天文年間」と墨書された題箋(だいせん)を貼っている。内表紙は、「当寺前住数代之戒帳」と墨書され、「南部家蔵」の蔵書印が右下に押される。この部分に対応する裏・内表紙により、貞享二年(一六八五)林鐘月(六月)に千岩中代(人名か)によって補修されたものであることが知られる。さらに、蔵書印からは徳勝寺から流失した本帳が、一度、東浅井郡速水村青名(長浜市湖北町青名)の古文書収集家・南部晋氏の手に入り、その後下郷共済会の所蔵品となったことが分かる。

## 徳勝寺授戒帳と浅井氏

本文は二十丁に及ぶが、最初の十四丁が天文四年(一五三五)から同二十三年(一五五四)までの授戒会の記録で、会場は先に記した四ヶ寺である。理由は不明であるが、授戒者のほとんどが女性で、上下に二段に分けて記されており、それぞれの段の上部に戒名、下部に夫や父の名前が記されている。特に徳勝寺での五回の授戒会

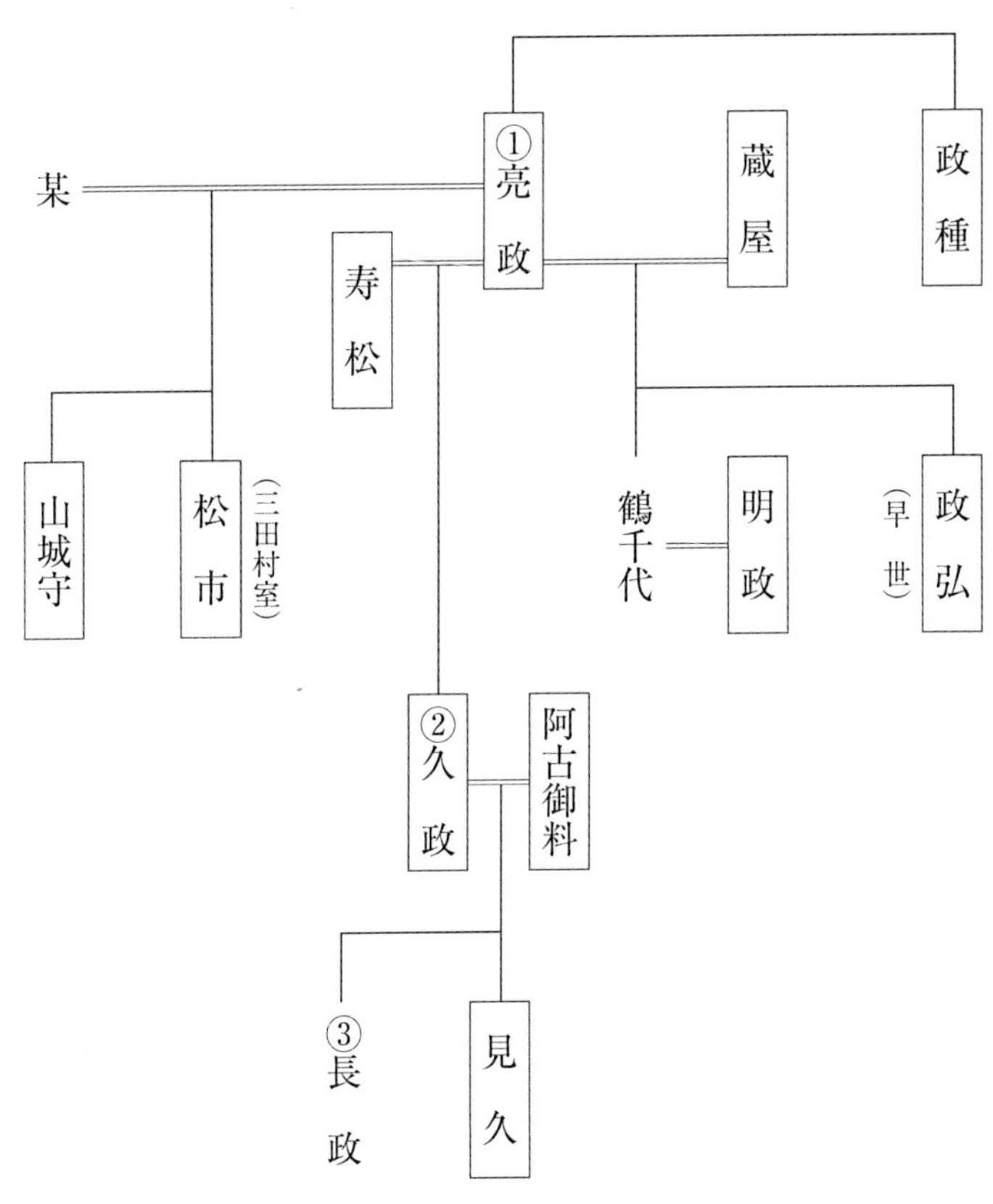


＊□は、授戒帳に名前が見える者
①～③は浅井氏歴代
浅井氏一族であっても、系譜不明な者は省略

浅井氏系図と「徳勝寺授戒帳」

では、浅井氏の一族や家臣の子女が多く記録されている。浅井亮政の正室である蔵屋（くらや）、浅井久政の正室である阿子御料（あこのごりょう）、それに浅井長政の姉である見久などである。次頁には、「徳勝寺授戒帳」に見える浅井氏一族を系図上に書きこんでみた。

残りの六丁は、永禄十年（一五六七）七月に行なわれた開催場所不明の授戒会記録、慶長十四年（一六〇九）まで記録する「住徳勝寺存亡戒者之次第」や、「菩薩戒衆」などの名簿が続き、最後に当寺住職の江峰による、次のような奥書（原文通り）が記されている。

長政公百年忌ニ付、女院御所様ヨリ簗田隠岐守殿取次ニテ、崇源院殿ノ御位牌御再興并びに銀五拾枚下され、是ヲ以て堂宇造営せしめ、御法事相勤者也、

寛文十二年壬子寿　現住　江峰

ここには、女院御所様、つまり東福門院（御水尾天皇中宮、徳川家光の妹、浅井長政三女である江の五女）の計らいによって、徳勝寺に崇源院（東福門院の生母、浅井長政の三女である江）の位牌が再興されたこと。また、銀五十枚も下賜され、徳勝寺の堂舎の整備が行なわれたことが記されている。これは、寛文十二年（一六七二）のことであった。

## その後の徳勝寺

天正元年（一五七三）九月一日に、浅井氏の居城であった小谷城が落城すると、徳勝寺は秀吉の命により、長浜城内に移されたという。寺伝通り下山田医王寺時代を想定すると、三回目の移転となる。長浜城主秀吉からの寺領安堵は、前に記述したように三十石を得る。この三十石は慶長七年（一六〇二）に、浅井郡下八木村（長浜市下八木町）に振り替えられ、江戸時代を通じて徳勝寺の朱印地となった。慶長十一年（一六〇六）には、新たに長浜城主になった内藤信成によって、長浜の城下町内の田町（現在の延長坊の場所）に寺地を移すこととなった。下山田からすれば、実に四回目の移転であった。さらに、寛文十二年（一六七二）には、浅井長政の百回忌を機に、坂田郡平方村の現在地に移ることになった。これは、五回目の移転となる。この寛文十二年の移転では、清水谷に残っていた書院・庫裏・山門・鐘楼なども移築したと伝える。

江戸時代においては定期的に長政の法要が行なわれ、元和八年（一六二二）に五十回忌、寛文十二年（一六七二）に百回忌、享保七年（一七二二）に百五十回忌、文政五年（一八二二）に二百五十回忌の記録が残っている。また、天保十二年（一八四一）には、浅井亮政の三百回忌が行なわれ、明治四十一年（一九〇八）には四百回忌が行なわれている。このように、長浜に移転した後も、浅井氏の菩提寺として年忌法要を続けていたことが知られる。また、境内には浅井氏関連の什物（じゅうもつ）を祀（まつ）る、浅井廟（びょう）という建物もあったと言われる。

明治五年（一八七二）には、神仏分離令によって境内にあった生駒神社と寺が分離され、南にあった山門を破却したという。本来の本堂は南向きであったが、大正十二年（一九二三）に至り、西向き本堂に変え現在に至っている。江戸時代を通して、浅井氏三代の墓は田町の延長坊（四回目の寺地移転地）にあったが、大正十三年（一九二四）に至り、下郷共済会を主宰する下郷（しもごう）傳平氏によって墓地の整備がなされ、昭和三十七年（一九六二）には墓地を平方徳勝寺境内の現在地に移転している。

# 浅井氏と一向一揆

## 本願寺派の伝播以前

近江国十二郡の内、坂田・浅井・伊香の三郡にあたる湖北に浄土真宗寺院が多く、その地で湖北十ヶ寺が中心となり、戦国期に一向一揆が激しく活動したことはよく知られている。湖北三郡の寺院総数七百六ヶ寺の内、実に五百四十七ヶ寺（内、仏光寺派寺院が四十八ヶ寺）、総数の七十七％が真宗寺院であるという現状（柏原祐泉氏による）は、湖北における浄土真宗の浸透を物語っており、その地域社会に与える影響の大きさを示していよう。真宗教団が戦った一向一揆も、湖北の歴史に大きな足跡を残した。

湖北における真宗本願寺派（東・西両派を含む）の伝播は、南北朝時代に始まるとされる。それは、湖北十ヶ寺の内福田寺（ふくでんじ）・湯次（ゆすき）誓願寺・金光寺・授法寺（中道場）などの寺々が、本願寺第三世覚如に帰依し、開創したという寺伝を持つからである。これは、近江全体を考えた場合も、さして時間的差違はない。しかし、本願寺派の本格的展開は、室町中期に当たる本願寺第八世蓮如の時代からと考えるべきで、それ以前の湖北については、時宗の広範な展開が指摘されている。

### 時宗と仏光寺派

湖北の時宗寺院として知られるのは、坂田郡番場（米原市番場）の蓮華寺、伊香郡木之本浄信寺（長浜市木之本町木之本）の二大時宗寺院である。この他に、第二十二代遊行上人・意楽を出した乗台寺が坂田郡西上坂村（長浜市西上坂町）にあったこと、それに浅井郡菅浦（長浜市西浅井町菅浦）の惣民に時宗関係者を示す「阿弥」号を持つ者が多いことなどにより、時宗の幅広い展開が論証されている。

また、本願寺と同じく親鸞を祖としながら、その門弟真仏を第二世とし、第七世の了源によって形づくられた仏光寺派の湖北での隆盛も見逃せない。その信仰形態である初期真宗特有な「光明本尊」が、全国に六十八点確認されている内、十七点が湖北に存在する事実は、仏光寺派の当地域への浸透を説明している。この他、仏光寺派特有の信仰表現である「絵系図」も、全国で十五点確認されている内の三点が湖北に存在し、同じく「名帳（交名帳）」に至っては、全国の十一点の内の五点までが湖北に存在する。この事実から、本願寺蓮如登場以前の湖北において、仏光寺派が大きな勢力を保持していたことは明白となる。

## 浅井氏と真宗教団の関係

戦国期の湖北を統治した浅井氏は、大永三年（一五二三）以降、織田信長によって天正元年（一五七三）に滅亡に追い込まれるまで、小谷城を基点に三代にわたって湖北を治めた。この浅井氏と本願寺、あるいは浅井氏と地域における真宗組織「北郡坊主衆・門徒衆」が非常に良好な関係にあったことは、湖北に残る古文書や、本願寺第十世証如が記述した『天文日記』によって知ることができる。さらに、本願寺と「北郡坊主衆・門徒衆」が、密接な関係を保っていたことは言うまでもない。

浅井氏や本願寺から見た場合、湖北地域をその勢力下に入れるためには、村落内で影響力を持っていた地侍層を掌握する必要があった。浅井氏にとっては彼らが家臣であり、本願寺にとっては、その教団組織「北郡坊主衆・門徒衆」の頂点に立つ十ヶ寺など有力寺院の住職は、各村の地侍と姻戚関係を持つ人々であったからである。また、蓮如以来の本願寺派の湖北への浸透により、惣村の構成員たちの多くが「門徒衆」となっていたからには、浅井氏の領国経営にとって、本願寺と湖北の真宗教団組織は無視し得ない存在であった。

## 信長との戦いの意味

このように、浅井氏、本願寺、湖北の真宗教団組織は政治的に一心同体であり、経済的・社会的にも同じ構造の上に立った存在と考えてよいだろう。浅井氏は、近江に残存していた荘園制的な社会構造を基盤にして政権を維持していた。これに対し、信長は検地を行い、荘園制を打破し、中世的な社会・経済構造を変革することを目指していた。浅井氏が信長と戦うようになった原因は、当時の政治状況と共に、拠って立つ社会・経済的基盤の相違が、大きく作用していると考えるべきであろう。

本願寺顕如は永禄二年（一五五九）、朝廷から門跡（もんぜき）に列せられており、荘園制を維持する新たな中世的権門になったと結論してよい。また、室町幕府の第十五代将軍・足利義昭の命によって、信長との戦いに蜂起した事実も見逃せない。すなわち、本願寺の地域統治も、荘園制と矛盾しない方向性をもっていた。湖北の真宗教団組織も、この荘園制的な構造の上で生活していた人々であり、信長の登場は本願寺、浅井氏、湖北の真宗教団組織にとって、その生活基盤の破壊を意味するものであった。

浅井氏、本願寺、真宗教団組織の連携は、もちろん政治的に必要であったが、より社会・経済的に必要とされたのである。これが、浅井氏と湖北の一向一揆（真宗教団）が、元亀元年（一五七〇）から四年間にわたり、信長と戦った真の理由であった。

## 東西分派の予兆

浅井氏が滅びた後であるが、天正八年（一五八〇）閏三月、本願寺第十一世顕如は信長との戦いについて勅命講和を受け入れ、大坂を退去することで、十年に及んだ石山合戦が終了した。ところが、顕如の継嗣教如はこれに反対し、大坂本願寺の地を

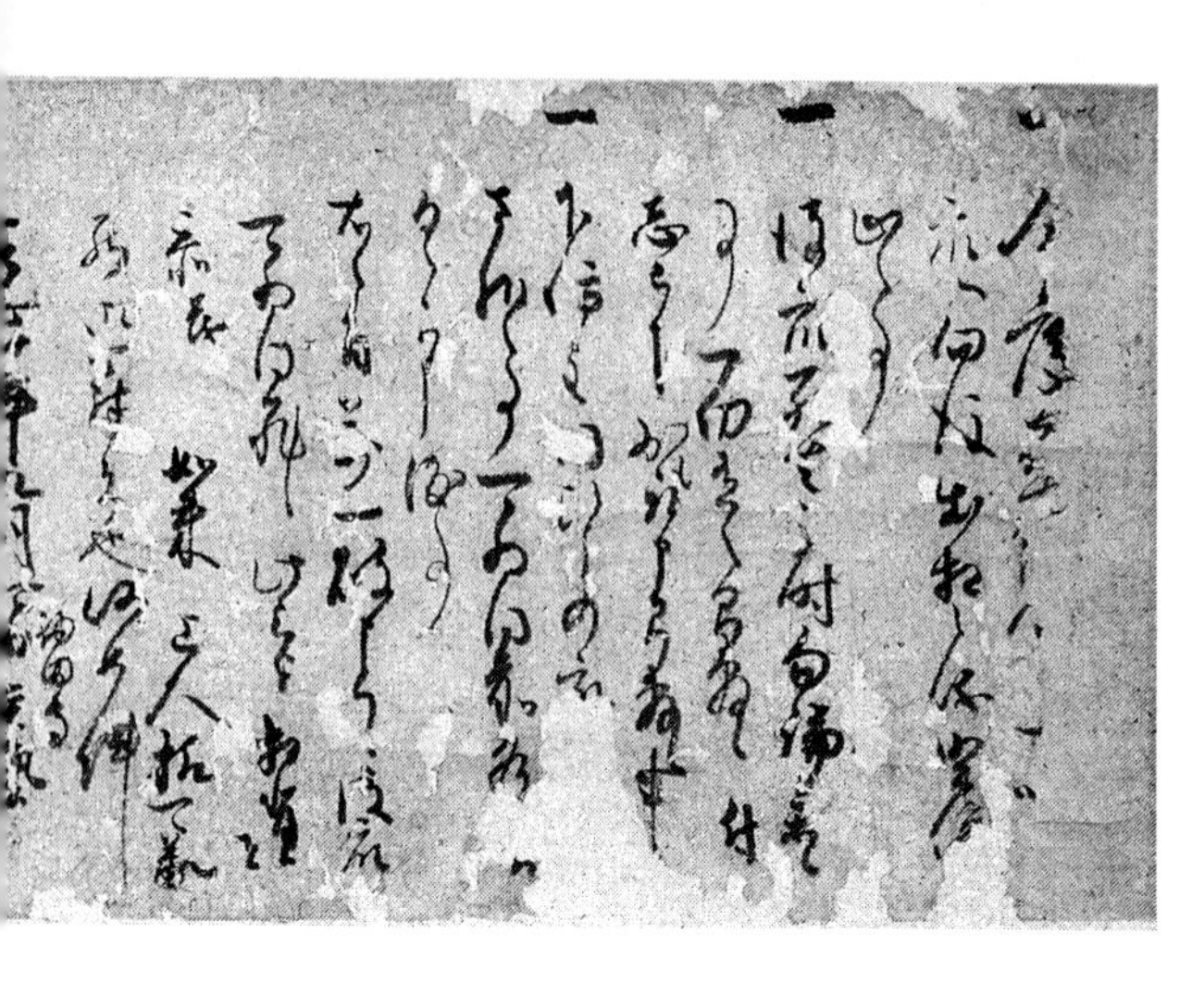

離れず徹底抗戦を主張した。しかし、同年八月には信長に対して和睦を申し出、大坂を退去し紀伊国雑賀に退去した。この大坂退去をめぐる、顕如と教如の対立が、後の本願寺東西分派につながっていくが、湖北の「坊主衆・門徒衆」の大勢は教如派（後の東本願寺）が占めていたと言われる。

しかしながら、湖北の寺院のなかでも、大坂退去時から顕如派に属し、文禄元年（一五九二）に没した顕如の跡を継いだ准如（後の西本願寺）を支持する者もあった。湯次誓願寺は大坂を退去し雑賀に至った顕如に供奉していたことが知られる。また、同寺に残る湖北十ヶ寺連判状は、教如大坂退去の後に、同派の結束を誓った文書と解することができるが、十ヶ寺の内福田寺と、湯次誓願寺は花押を据えていない。二ヶ寺以外の十ヶ寺は教如派で、二ヶ寺の教如派帰順を期待し花押の場所まで用意したが、福田寺と湯次誓願寺は顕如派を崩さず加判しなかったと理解

湖北十ヶ寺連判状（湯次誓願寺蔵）

することが可能である。

なお、この十ヶ寺連判状は、浅井氏と共に織田信長と戦った十ヶ寺の構成を知り得る貴重な文書でもある。

## 石田三成・徳川家康と本願寺

湯次誓願寺はその後も、准如派（西本願寺）に属したと見られ、豊臣政権の中枢部に接近していった。その結果、湖北の真宗寺院としては唯一、佐和山城主として湖北を統治した石田三成から、慶長二年（一五九七）に十石の所領を得ている（同寺文書）。教如が顕如死後継承した本願寺門主の座を一年で辞し、弟・准如に譲らざるを得なかった背景には、准如を支持し教如を排斥する石田三成の画策があったと言われる。教如はそれを察知し、徳川家康に接近したとされるが、逆に准如は豊臣政権中枢の三成に近づいていった。

このように、准如派の湯次誓願寺が三成から所領を得た理由を、准如と三成の接近の結果として説明することが可能であろう。しかし、関ヶ原合戦で三成が敗死することで、湯次誓願寺の所領は江戸時代に継承されることなく失われた。

慶長七年（一六〇二）、家康は教如に対して京都に寺地を得ることを許し、東本願寺が建立され本願寺の東西分派がなる。湖北の真宗教団内では、それをさかのぼって教如派（東本願寺）・准如派（西本願寺）が独自の動きを見せていたが、正式な東西分派を受けて、それぞれが新たな近世的教団を確立していく。

**《参考》湖北十ヶ寺**

①坂田郡長沢村（米原市長沢）　**福田寺**【浄土真宗本願寺派】
②坂田郡大戌亥村（長浜市大戌亥町）　**福勝寺**【浄土真宗本願寺派】
③浅井郡益田村（長浜市益田町）　**真宗寺**【真宗大谷派】
④坂田郡榎木村（長浜市榎木町）　**浄願寺**【浄土真宗本願寺派】
⑤浅井郡尊勝寺村（長浜市尊勝寺町）　**称名寺**【真宗東本願寺派】
⑥浅井郡内保村（長浜市内保町）　**（湯次）誓願寺**【浄土真宗本願寺派】
⑦坂田郡西上坂村（長浜市西上坂町）　**順慶寺**【真宗東本願寺派】
⑧坂田郡十里村（長浜市十里町）　**金光寺**【真宗大谷派】
⑨坂田郡西上坂村（長浜市西上坂町）　**中道場＝授法寺**【真宗大谷派】
⑩坂田郡箕浦村（米原市箕浦）　**（箕浦）誓願寺**【廃絶】

# 四　浅井長政と元亀争乱

姉川合戦場南からの空撮（平成22年４月19日撮影）

## 元亀争乱と浅井長政

### 長政の信長離反

元亀元年(一五七〇)四月二十日、織田信長は三万の大軍を率いて、自らの上洛命令に従わない、越前国朝倉義景を討つため京都をたった。この越前遠征は、勅命と将軍の上意を受けてのものであった。信長は琵琶湖の西岸を北上、一時若狭へ入り二十五日は敦賀郡にある朝倉氏の居城・手筒山(てづつやま)に襲いかかった。敦賀郡の朝倉氏の城は、金ケ崎(かながさき)城が主城で、他に手筒山城と疋田(ひきた)城があった。信長は一番奥の手筒山城を犠牲が出るのを覚悟で力攻めした。手筒山城で討ち取った首数は千三百七十というから、皆殺しの殲滅(せんめつ)戦であったことが分かる。この凄惨さに恐れをなした金ケ崎城と疋田城の朝倉軍は、翌日降参している。

ところが、信長が木芽(きのめ)峠を越えて一乗谷に迫ろうとした時、浅井長政の逆心の知らせを聞いた。その浅井逆心の期日は、どの記録も正確に記さないが、おそらく二十七日のことだろう。信長は殿(しんがり)に木下秀吉・明智光秀らを残し、その日の晩には金ケ崎を去り、朽木元綱の案内で「朽木谷」を経て、三十日の深夜には京都に着いている。信長が浅井の逆心を知った時の驚きの言葉が、『信長公記』に掲載されている。「浅井は歴然御縁者たるの上、剰(あまつさえ)江北一円に仰せ付けらる丶の間、不足これあるべからざるの条、虚説たるべし」とある。浅井離反は「虚説」=「嘘」だろうというのである。これが、信長の正直な思いだった。

では、浅井はなぜ信長を裏切ったのか。浅井方の信用できる記録は、この経緯をまったく語らないが、織田信長が毛利元就に送った同年七月十日の覚書には、浅井は「近年別(べっし)て家来せしむるの条、深重隔心無く候き、不慮の趣是非無き題目に候事」(毛利家文書)と述べている。すなわち、浅井氏は信長の家来となって、心の隔たりなく付き合ってきたが、このような理不尽な結果になってしまったと述べるである。信長は浅井を家臣だと思っていたのである。浅井側にしてみれば、独立した一大名でありながら、秀吉や光秀同様、信長の家臣として扱われる。これが、どうしても許せなかったのだろう。浅井氏は一信長家臣となることを拒むために、挙兵したと考えるべきだろう。

## 姉川合戦の概要

信長は敦賀から朽木谷を経て京都に至ったのは、四月三十日の深夜。それから、五月九日には京都を出発して、近江と伊勢の国境である千草峠を迂回して、五月二十二日には岐阜城にたどり着いている。千草峠では、六角氏に依頼された杉谷善住房によって狙撃されるが、信長は九死に一生を得ている。湖南では信長の部将である佐久間信盛・柴田勝家が再起した六角氏を敗退させ、信長軍は岐阜で浅井攻めの兵力を調える。

近江侵攻に先だって、近江・美濃国境の砦・長比(たけくらべ)城(米原市長久寺)を守っていた、浅井側の堀秀村と樋口直房の誘降に成功した。信長軍は、六月十九日に北近江に侵攻、小谷城を見上げる虎御前山（長浜市中野町、同市湖北町河毛・別所）に陣を敷き、秀吉以下の家臣に命じて、小谷城下を放火してまわらせた。しかし、堅固な小谷城を一時に攻めるのは無理と判断し、全軍を退かせ、二十四日には後方の横山城（長浜市と米原市の境）を包囲し、自らは徳川家康と共に龍ヶ鼻（辰ヶ鼻、長浜市東上坂町）に陣した。

これに対し、浅井軍五千人は越前から来援にきた朝倉景健（義景の甥）軍八千人と一時、大依山（長浜市大依町）に拠ったが、二十八日未明までには、姉川北岸の野村・三田村（長浜市野村町・三田町）に移動した。信長も、これに対応し姉川北岸の東上坂集落東「陣杭の柳」付近に陣をはり、徳川家康は近くの岡山（長浜市東上坂町）に陣を定めた。

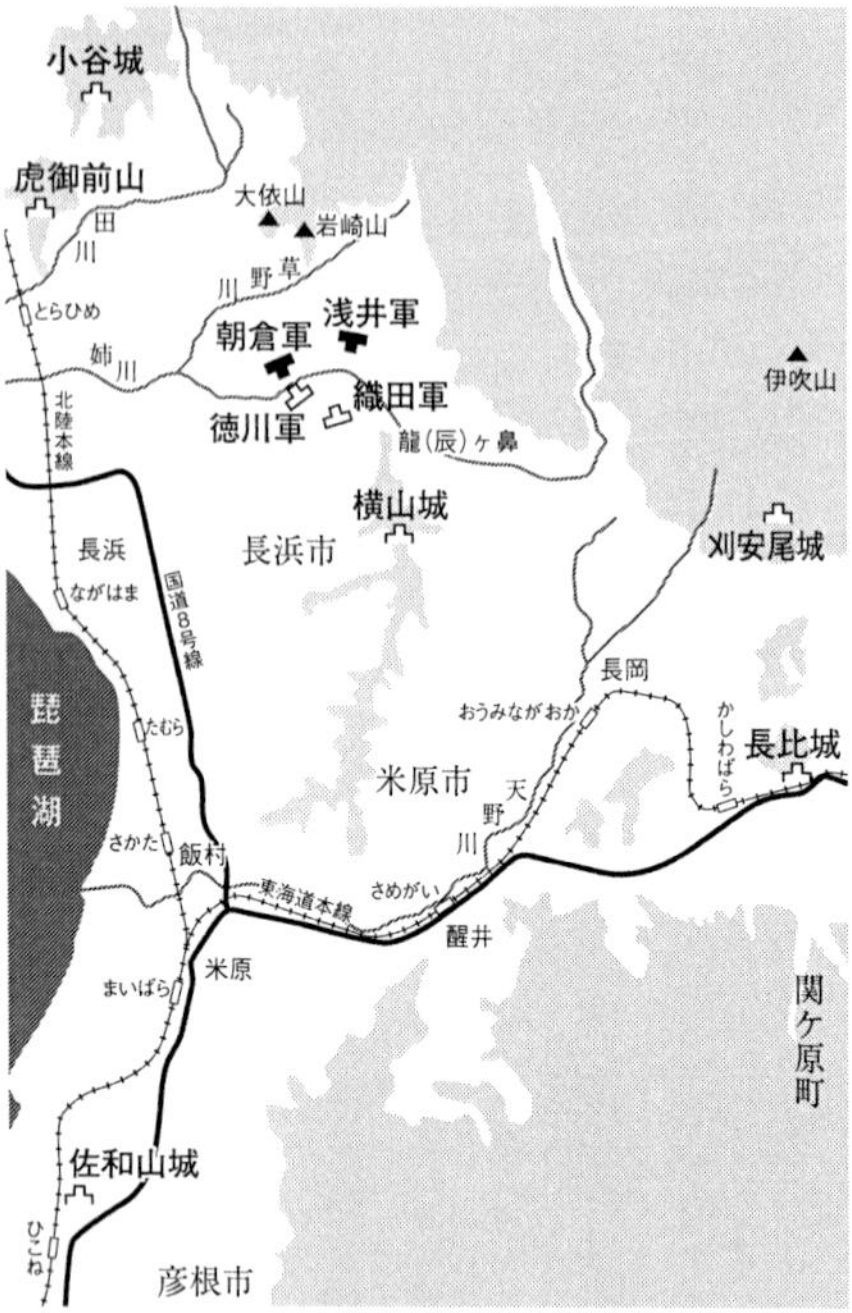

図6　姉川の合戦概略図

両軍、姉川を挟んで対峙することになったが、信長の正面には浅井軍が、家康の正面には朝倉軍が位置する形

図7　姉川合戦　両軍対陣図（通説による）

となる。なお、家康軍には信長配下の丹羽長秀・池田恒興が加勢したと伝えられている。合戦は、二十八日未明に家康と朝倉両軍の間で始り、最初朝倉側が優勢であったが、榊原康政らが側面から朝倉軍を突き、形勢は逆転したと言われる。一方、信長と浅井氏の間でも戦闘が開始され、浅井氏の重臣である磯野員昌が信長の陣深くまで攻め入り、敵を浮き足立たせた。しかし、横山城の監視に当たっていた西美濃三人衆が、浅井軍の側面から攻撃を始め、こちらも浅井勢がみるみるうちに不利になった。やがて、浅井・朝倉軍は北へ退いた。

　信長は逃れる浅井・朝倉軍を追って

小谷城下を放火したが、城攻めは避け、合戦後浅井方の軍勢が退いて接収した横山城に木下秀吉を守りに付け、自らは七月六日には京都へ帰っている。姉川合戦に敗れた浅井氏家臣の内、坂田郡南部の天野川流域の武将たちは、磯野員昌に従って坂田郡と犬上郡の境にある佐和山城（彦根市古沢町・佐和山町）に入城し、信長への抵抗をこころみるが、これには丹羽長秀を当て見張らせた。以上が通説に従った姉川合戦の概要である。

## 志賀の陣

姉川合戦が終わった後の七月二十一日、三好三人衆らが阿波国から渡海し、大坂本願寺の西のデルタ地帯である野田・福島に砦を築き、畿内回復の動きを見せた。将軍義昭は信長に連絡をする一方で、畿内の守護たちにこの討伐を命じる。信長は八月二十三日には京都に入り、九月十二日には海老江城（えびえじょう）に本陣を移し、三好軍を攻め立てた。しかし、その日の夜半に本願寺の鐘が打ち鳴らされ、信長側の陣地を襲い、敵対する意志を明確にしたのである。湖北の一向一揆も、これ以後浅井軍と共に信長と戦うようになったと推定される。九月十九日には、浅井・朝倉軍が琵琶湖西岸を進み、信長方の宇佐山城（大津市錦織町）を襲い、森可成（もりよしなり）以下の守将を討死させ、さらに京都に入り山科・醍醐あたりを放火してまわった。

二十三日、信長は三好三人衆や本願寺と戦っていた野田・福島からの撤退を開始し、京都に戻った。浅井・朝倉軍は比叡山上の青山・壺笠山（つぼかさやま）に陣をおくが、信長は二十四日になって比叡山の僧十人ほどを呼び寄せ、自分に味方してくれたら信長の分国内にある比叡山領をすべて還付すると約束、「出家の道理にて、一途の贔屓なり難きにおいては、見除仕候へ」と迫る（信長公記）。「見除」とは見て見ぬふりをすること、中立を保つことだが、ここでは浅井・朝倉軍を比叡山の峰から追い出すことを意味していよう。しかし、比叡山はこの申し入れを無視した。これが、翌年九月の比叡山焼き討ちの口実になった。

信長は坂本さらには宇佐山に入り、滋賀と京都両側から比叡山を取り巻いたものの、戦線は膠着状態に陥ってしまった。この対陣はこの年十二月まで続き、信長の戦歴の中では最も長い日々を送ることになってしまう。長い対陣の中で、合戦らしいものが一度だけあった。十一月二十五日のこと、堅田の地侍の一部が信長方に離反し、浅井・朝倉方につく者たちと市街戦が展開した。信長も兵を送り込んだが、真宗門徒が味方した浅井・朝倉軍の勝利に終わり、信長の部将坂井政尚が討死している。ちなみに、政尚の長男・久蔵は姉川合戦で討死しており、信長にとってもこの浅井・朝倉との戦いは多くの犠牲を強いられることになる。

この堅田の戦いが終わった頃から、和睦の話が動き出した。結局、十二月十二日になって和睦が成立、十三日には朝倉方・織田方双方より人質が交換された。誓紙も交換され十四日には信長軍が、十五日には浅井・朝倉軍が戦場を引き上げている。『信長公記』では朝倉義景から和睦を望み、将軍義昭に仲介を頼み事がなったように記されているが、実際は関白二条晴良が調停役に入り、信長から出された条件を浅井・朝倉氏や比叡山に提示したようである。信長は正親町(おうぎまち)天皇の和睦勧告の綸旨まで出し、朝廷・幕府の力を借りて、この合戦を収束させたというのが実像だったようだ。谷口克広氏は、この志賀の陣は「三十年にわたる信長の戦いの中で、最大の苦戦だった」と総括されている。

## 箕浦表の合戦

元亀二年（一五七一）に入ると、二月二十四日、浅井軍の最前線で佐和山城に籠城していた磯野員昌(いそのかずまさ)が、信長方に離反する。本来は小谷城に撤退するつもりであったが、長政に信長に与(くみ)したと疑われ離反したと『嶋記録』は伝える。

五月六日、浅井軍と信長軍の大きな衝突が坂田郡南部であった。箕浦表(おもて)の合戦である。秀吉が徳山右衛門なる人物に宛てた五月十一日付の書状（【12】長浜市長浜城歴史博物館蔵）によれば、浅井軍が信長方となっていた鎌刃城(かまのはじょう)（米原市番場(ばんば)所在）がある箕浦庄まで出撃してきたため、これに秀吉らが応戦した。さらに、浅井軍が箕浦庄から八幡庄（長浜八幡宮・長浜市街地付近）まで退却するのを追撃、秀吉軍は多くを討ち取った上、八幡庄付近で取って返した敵も、三度まで押し返し討ち取った。さらに、残った敵は海（湖）へ追い入れて勝利したと記している。

この五月六日の合戦は、『信長公記』にも記されており、それによれば浅井軍の大将は、浅井井規(いのり)で五千ばかりあったという。鎌刃城付近で放火を行なったので、横山城にいた秀吉は、この浅井井規の攻撃隊に気づかれぬよう、鎌刃城周辺に至り、鎌刃城の城主・堀秀村や樋口直房と協力して戦ったという。浅井軍には一向一揆の人々が混じっており、下長沢（米原市長沢）の付近で合戦があったが、浅井軍は切り崩され、下坂の「さいかち浜」に逃れたが、これも秀吉軍が討ち取ったとある。また、この時一向一揆には大きな犠牲が出、特に下坂浜付近では一揆軍の多くが湖水に追い詰められ、溺死したと言われている。下坂浜には多くのサイカチの木が存在したことから、この合戦は「さいかち浜の合戦」と呼ばれる。

信長は八月十八日に北近江に出陣、横山を起点にして、二十六日には余呉・木之本まで放火してまわった。その足で湖南に遠征、九月十二日には昨年信長の申し入れを無視した比叡山を焼き討ちにする。

## 大吉寺の悲劇

元亀三年（一五七二）三月七日、信長は湖北に出陣、またもや余呉・木之本を放火してまわった。小谷城の後方を攪乱し、朝倉氏との連絡を断つのが狙いであろう。しかし、この当時は小谷城と山本山城を結ぶ浅井氏の防衛ラインが機能していたので、信長は長期的に軍隊を小谷城以北に駐屯させることができなかった。

七月十九日、信長は再び湖北に出陣する。二十日には横山に本陣をおき、二十一日には虎御前山を起点に小谷城攻撃を行なっている。この時、小谷城清水谷の「水の手谷」まで攻め込んでいるので、小谷城内は混乱状態に陥ったであろう（74頁参照）。二十四日には草野谷の大吉寺が攻撃され、湖上の竹生島も大砲や大筒によって攻撃されたと『信長公記』は伝える。大吉寺と竹生島には、一向一揆も立て籠もっていたようだが、この攻撃によって壊滅的な打撃を受けた。

信長は七月二十七日から虎御前山の普請に取り掛かり、八月初旬には完成したようで、『信長公記』は「西は海上温々として、向いは比叡山八王寺（中略）又南は志賀・唐崎・石山寺（中略）、東は高山伊吹山、麓はあれて残りし不破の関、何れも眼前及ぶ所の景気、又丈夫なる御普請、申尽し難き次第なり」と四周の景色まで触れて、この城を絶賛する。また、虎御前山城と横山城を結ぶ軍道まで建設している。この軍道は宮部を経由し、築地と水堀によって守られた堅固な造りであった。

しかし、信長の攻撃もこの年はここまでで、九月十六日には帰陣している。十一月三日には、この信長によって造られた軍道を浅井軍が攻撃し、秀吉軍と小競り合いになった。

## 武田信玄の上洛

じりじりと織田信長によって追い詰められた浅井・朝倉氏にとって、武田信玄の上洛は待ちに待ったものであった。武田信玄は元亀二年（一五七一）二月から四月にかけて、遠江・三河の家康領国に侵攻を行なっているが、これは家康と同盟を結び大坂本願寺を攻め立てる信長への圧力であった。翌年の正月には本願寺から書状が届けられ、畿内への出陣を要請されており、五月には将軍義昭から御内書が届き、将軍家に対して忠義を果たすべきこと、具体的には上洛すべきことが記されていた。ここに、義昭を盟主とした、浅井・朝倉氏、本願寺、延暦寺、三好三人衆、伊勢畠山氏、松永久秀らに、武田信玄が加わった反信長包囲網が成立したと考えてよいだろう。

湖北十ヶ寺が本願寺坊官下間（しもつま）正秀の家臣・小松原孫三郎に宛てた、元亀三年（一五七二）と推定される九月二十二日付の書状（【13】湯次誓願寺文書）によれば、「信玄近日御出馬有るべく候、御注進に候、其の儀相違に於いては、当表笑止ニ相極（きわ）まり候」と述べている。信玄が上洛・出馬しなかったら、湖北における信長との戦いを好転させることはできないと、一向一揆の首脳部も見ていたことが読み取れる。また、浅井長政が坂田郡飯村の地侍・嶋秀安に宛てた九月五日と十月二日・三日（【14】）の書状（『嶋記録』所収文書）には信玄出馬のことが記され、九月五日の書状では「御心安かるべく候」と述べ、長政自身も信玄を救世主のように思っていたことを知ることができる。近江では九月に信玄出陣との噂があったようだが、信玄自身から浅井・朝倉両氏に出陣を告げた書状が出されたのは十月一日、信玄本隊らの遠江に向けての出馬は十月三日であった。

信玄の上洛は順調であった。十二月には遠江国二俣城を攻略、徳川家康を三方ヶ原で蹴散らし、二月には三河国野田城を陥落させた。しかし、野田城攻めの頃から信玄は発病し、長篠城を経て甲州へ帰還する途中で死没した。五十三歳であった。この信玄の死去は、反信長包囲網にとっては頼みの綱が切れたことを意味した。長政や本願寺・一向一揆の落胆もいかばかりのものであったろうか。

## 小谷落城

元亀四年（一五七三）八月八日、山本山城の守将阿閉貞征・貞大親子が信長に降伏し、山本山城と小谷城の間で保ってきた防衛ラインが破られてしまう。これによって、小谷城は四方から攻撃可能となり孤立する。信長はこの機を逃さず総攻撃に入る。浅井氏は、朝倉義景の来援をみるが、十二日には浅見対馬守が守備していた小谷城北の焼尾、それに朝倉軍が籠っていた小谷山頂上の大獄が陥落。十三日には同じく朝倉軍が入っていた丁野山城も落ちてしまう。このように、小谷周辺の諸城が次々と陥落する中、浅井側には信長側へ降参する者も続出する有様であった。

十三日夜には木之本まで出陣していた義景も越前に向かって退却、正しく小谷は孤立無援、四面楚歌の状況に陥った。義景軍は退却の途中に、越前国境の刀根坂において信長軍の追撃を受け、大損害を被っている。さらに、信長は義景を越前国内まで追撃し、一乗谷を放棄した義景は、同族の重臣朝倉景鏡に裏切られて大野で自害する。この間、刀根坂の戦いと義景自刃について、丹後の武将・矢野備後守に対して、八月二十二日付で報告した秀吉の文書が、福井県立一乗谷朝倉氏遺跡博物館の所蔵となっている【15】。近江に帰った信長は木下秀吉を中心に小谷城に最後の攻撃を仕掛けた。それは、九月一日であり、久政の自刃もその前日の八月二十九日であることは先述した（75頁参照）。

　信長包囲網により将軍義昭を中心とした新たな秩序を構築しようとした長政であったが、元亀四年に入って信玄が死去し、さらに七月には義昭が信長によって山城国槙島城（まきしまじょう）を追われて、包囲網は瓦解した。長政自害後も、信玄の遺児・勝頼は天正三年（一五七五）に長篠・設楽ヶ原で大敗、本願寺も天正八年（一五八〇）に信長との和睦に応じ大坂を退去した。信長の畿内掌握は万全のものとなっていく。信長の天下一統の過程は、過去の我々からすると当然のことと思われるが、そこには運命を左右しかねない大きな失敗もあった。志賀の陣での長期戦は信長の戦略の失敗とも言えよう。それをとらえて、浅井・朝倉軍が武田信玄と、新たな畿内統治の秩序を創設する展開もあり得たと考えられる。しかし、信長の運と判断力が浅井・朝倉氏のそれよりも勝ったことが、元亀争乱の勝敗を左右したのであろう。

## 小谷籠城と浅井長政書状

**浅井長政の宛行状（あてがいじょう）**

天正元年（一五七三）九月一日、織田信長によって攻撃された浅井長政は、小谷城赤尾屋敷において自刃し、ここに浅井氏三代・五十年の歴史に終止符がうたれた。まもなく、小谷は廃城となり、湖北の中心は秀吉によって長浜へと移される。

そうした中、長政は小谷籠城中の家臣たちに、何通かの書状を与えていることが知られている。従来から知られていたのは、落城から十二日前に当たる八月十八日、長政が坂田郡宮川村（長浜市宮司町）の土豪・垣見助左衛門尉に宛てたもので、本文は次のように記されている。

> 今度籠城相届けられ候段、謝し難く候、仍て今村跡并びに八幡河毛次郎左衛門尉知行分、同孫三郎分跡、小堀左京亮跡、何れも以て之を進らせ候、聊も相違有るべかからず候、委細同名新内丞に伝達あるべく候、恐々謹言、

この他に、伊香郡西野（長浜市高月町西野）の土豪と推定される西野弥二郎へ、八月八日に長政が宛てた書状【16】が存在していたことが知られている。その本文は、

> 森修理亮跡并びに布施次郎右衛門跡、配当として之を進せ候、全く御知行異儀有るべからず候、弥御粉骨肝要に候、恐々謹言、

とある。この文書は、虎姫町宮部（長浜市宮部町）の個人宅に伝来したものだが、現在は行方不明となっている。ここで、垣見氏・西野氏に宛われた跡地の旧主今村某や森修理亮などは、小谷籠城中の戦いで戦死したか、または信長方に降服したかいずれかであろう。一方、これらの土地を与えられた武将は、どの時点まで浅井氏の為に織田方と戦っていたのであろうか。西野氏の場合は、落城直前の八月二十七日付けの浅井久政書状【8】も残っているので、久政・長政切腹時

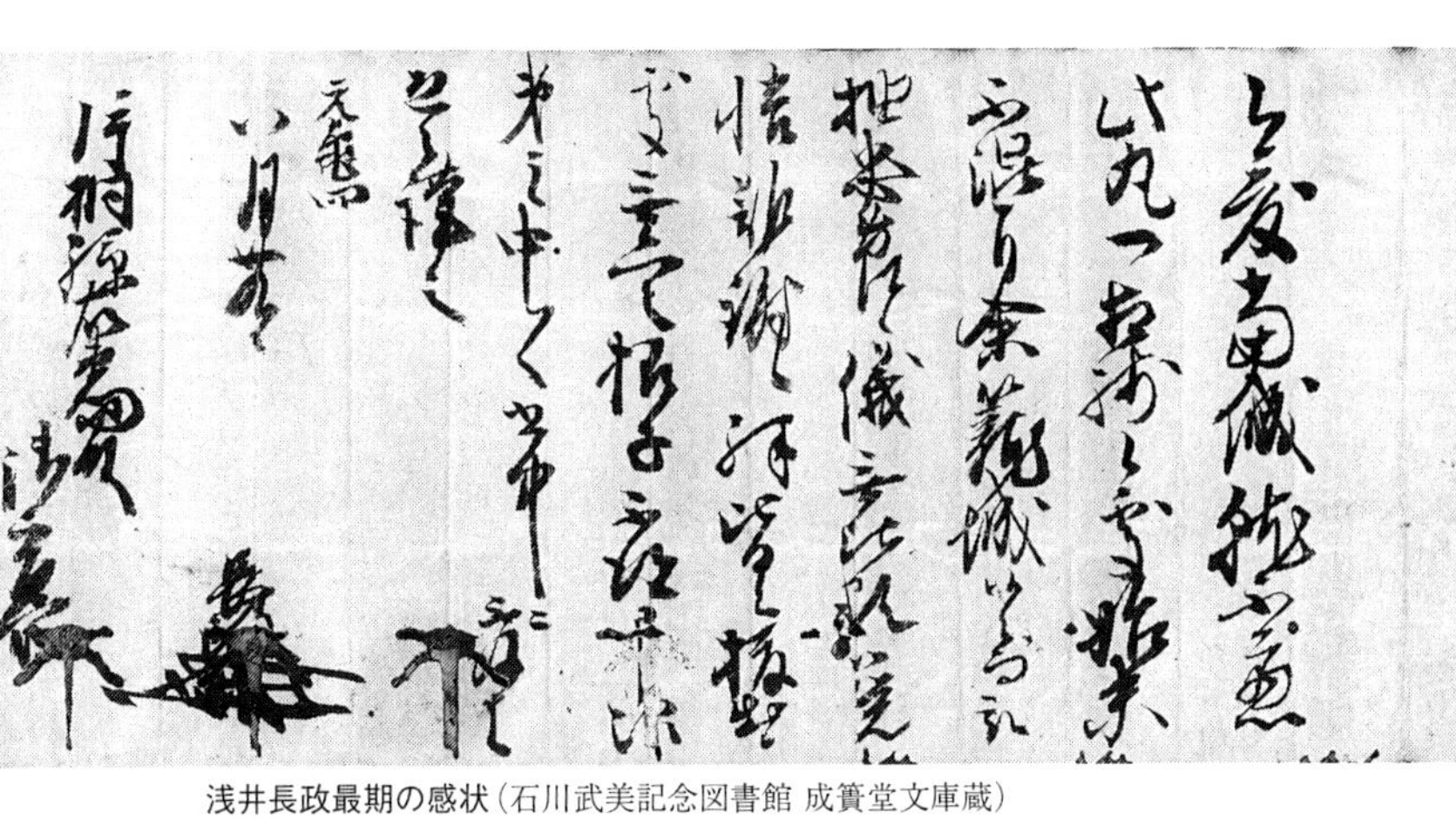

浅井長政最期の感状（石川武美記念図書館 成簣堂文庫蔵）

まで城中におり、浅井父子の死を確認したあと、これらの文書を携えて城を降りたと考えられる。垣見氏の場合も、西野氏と同じであったろう。

なお、現在は原物が残っていないが、『武州文書』という史料集に、寺村小八郎という者（坂田郡八幡東村あたりの地侍か）に対して、八月二十六日に「殊に今度籠城相詰めらるる儀神妙に候」と書かれた浅井長政の感状も掲載されている。

## 長政最期の感状

さらに、近代を代表するジャーナリストとして著名な徳富蘇峰のコレクション・成簣堂文庫（石川武美記念図書館）には、「浅井長政最期の感状」と言われる書状が伝来している。本文は書き下しにすると次のように記されている。

今度当城不慮に就き、此の丸一つ相残り候處、始末自余混えず籠城候ニ而、忠節を抽ぜられ候儀、比類なき御覚悟謝し難く候、殊に皆々抜け出で候處、無二の様子、申す次第

を得ず候、中々書中ニ申し及ばず候、恐々謹言、

この文書は、長政自刃の前日に当たる八月二十九日に出されたもので、宛名は片桐且元の父・孫右衛門尉直貞（なおさだ）である（天正元年の八月は「小」の月で、二十九日までしかなかったので、その翌日は九月一日である）。文中に見える「今度当城不慮に付き、此の丸一つ相残り候」とは、長政自刃の前日である二十九日段階で、小谷城は本丸のみになっていたことを示す。さらに、他の家臣は離反して城を去る中、籠城を続ける片桐直貞の忠義をたたえる内容となっている。「皆々抜け出で」の言葉からは、多くの家臣に裏切られた長政の無念を察して余りあるものがある。この文書の大きさは、縦九・八センチ、横二三・三センチで、通常の文書と比較して異例な小片に記されている点も、落城時の混乱を彷彿させる。

## 長政文書を残した湖北人

ところで、これらの宛行状や感状は、落城の混乱の中どのようにして現在まで伝えられて来たのであろうか。坂田郡下坂中村（長浜市下坂中町）の土豪・下坂家に伝来する、三月十四日付けの下坂一智書置（かきおき）【17】下坂文書）は、その経緯の一端をよく伝えている。この一智は四郎三郎正治といい、浅井長政に仕えた武将で、没年は元和八年（一六二二）五月八日とされる。この書置は一智が「ひ孫」にあたる下坂久左衛門に、小谷籠城の最中に長政から与えられた一通の宛行状の伝来について語ったものである。

この書置の中で、長政からの宛行状は、小谷城に入った時に与えられたもので、自らの「火うち袋」（戦時に携行する火打道具入れ）に入れておいたので残ったと記している。長政からのもらった他の書状は、籠城戦のなかで小谷城の山崎丸から、清水谷（きよみずだに）水之手へ移動する時、持たせていた家臣が討死した為に紛失したとも記している。ここで、「火うち袋」のおかげで残った一通は、元亀三年（一五七二）五月十七日付の所領宛行状【18】で、下坂庄公文職（くもんしき）と河毛次郎左衛門尉知行分を、仮に正治に与えたことを示しており、今も下坂家に現存している。

先にみた、垣見氏・西野氏・片桐氏へ与えられた、元亀四年八月付の宛行状・感状も、「火うち袋」へ入れていたかは別として、籠城中はそれぞれ肌身離さず所持していたものであろう。落城後も下坂一智のように、子孫たちへこれらの文書の由緒を聞かせ、自らの武功とその保存を説いたに違いない。

それにしても、落城の月に与えられたこれらの宛行状・感状は、本来ならば何の役にも立たない空（から）証文である。これらを与えられた当時は、すでに浅井氏滅亡は彼らの目にも明らかであったろうし、宛行われた土地を実際に知行することもなかった。なぜ、こんな空証文を彼らの子孫は、大事に伝存してきたのであろうか。それは、確かに武士としての再仕官の際に、有効な履歴書となるという実利的な面もある。しかし、小谷籠城と浅井氏への無二なる忠誠は、江戸時代以降の湖北人にとって、何よりもまさる勲章であったことも事実だろう。

# 小谷落城と浅井長政妻子の脱出

## 小谷落城のシーン

天正元年（一五七三）九月一日、五十年にわたって北近江を支配してきた浅井三代の居城小谷が落城した。前日には二代目当主で隠居していた浅井久政が自刃し、当日は浅井長政が本丸を少し東へ下った赤尾清綱の屋敷で自刃した。この混乱の中、長政の正妻であった市や、長政と市の間に生まれた三姉妹たちが、城を脱出して織田信長の庇護のもとに入った。市は織田信長の妹であったし、三姉妹たちは信長にとって姪（めい）に当たる訳だから、彼女らは何の問題もなく信長によって引き取られた。

この有名な小谷城脱出の顛末は、多くの映画やテレビの作品で扱われ、また小説にも登場する。したがって、多くの人が容易に想像し得る歴史的シーンと言えよう。たいていは、信長が遣わした使者に導かれ、夜陰にまぎれ小谷の山城を小走りに立ち去る。市の腕には、まだ乳飲み子の三女・江がおり、次女の初は市に手を引かれている。長女の茶々のみが、気丈に先頭を行く。そんな風景が浮かんでくる。市は時より炎上する天守閣を振り返り感慨にふけるシーンも、演出家だったら作りたくなる。しかし、小谷城主要部から焼土が出ないことから、落城に際して小谷城は炎上しなかったと言われるので、こんな場面は歴史的にはそもそもあり得ない。

## 一級史料にみる小谷落城

意外に思われるかもしれないが、この市と三姉妹の小谷脱出の顛末を記した記録は、良質なものは何も残っていない。少なくとも、歴史的に信憑性がある一級史料には、この話は出てこないのである。市は越前北庄城で柴田勝家と共に自害し、三姉妹もそれぞれ豊臣秀吉側室、京極高次正室、徳川秀忠正室として、後世に大きな影響を与えたのだから、生きて小谷城から脱出したのは事実である。しかし、「どのように」・「いつ」ということは、何も分からないのである。

たとえば、織田信長の伝記として最も信頼でき、また小谷落城についても比較的まとまった記事を載せる太田牛一著の『信長公記』は、八月二十七日の浅井久政自刃に続いて、落城当日の八月二十八日の様子を以下のように記す（諸書で長政・久政の自刃の日は区々だが、九月一日に長政が死去し、前日の八月二十九日に久政が死去したのが正しい。ちなみに、天正元年八月は「小」の月で三十日はなかった。75頁参照）。

> 信長、京極つぶらへ御あがり候て、浅井備前（長政）・赤生（尾）美作（清綱）生害させ、浅井父子の頸京都へ上せ、是れ又、獄門に懸けさせられ、又、浅井備前が十歳の嫡男御座候を、尋ね出だし、関ヶ原と云ふ所に張付に懸けさせられ、年来の御無念を散じられ訖（おわ）んぬ、

浅井長政の長男・万福丸を関ヶ原で処刑したことは記されるが、市や三姉妹の消息については、

まったく記していない。一方、浅井氏側の一級史料で、小谷落城について唯一触れるのが『嶋記録』である。坂田郡飯村(米原市飯)の地侍で、浅井長政の家臣でもあった嶋秀安が纏(まと)めた同氏の年代記で、史料としては比較的信用に足るものと考えられている。同書の小谷落城の記事を紹介しよう。

(天正元年八月)廿八日浅井久政切腹、同廿九日長政最期、長政ハアツカイニテノケ給う約束也シガ、信長公高キ所ニアカリテ居リ、赤尾美作・浅井石見ヲ隔テサセ、イケドルヲ見テ、長政ハ家ヘ下リ入、切腹トソ、

本書によれば浅井久政が切腹した段階で信長の攻撃は終了、長政は「アツカイ」つまり和議により降伏するはずであった。しかし、赤尾清綱と浅井石見を信長側が生け捕ったのを怒り、長政は屋敷に入り自刃したとある。この「アツカイ」があった事実は、浅井側の当事者の発言として興味深いが、やはり市と三姉妹の行動については、まったく触れられていない。

## 軍記物に見る小谷落城

市と三姉妹の小谷脱出の顛末については、江戸初期に成立した軍記物の記述が初見となる。貞享二年(一六八五)頃の成立とされる軍記物の一つで、織田信長の伝記として知られる『総見記』は、長政切腹を九月一日のこととして、その前日の状況を次のように記している。

（八月）二十九日ノ朝マテニ備前守（長政）ノ居所ヲ囲テ、夜昼ヲモ継セス攻ル、備州長政ハ内室ニ三人ノ女子ノ有ケルヲ、イカニモシテタスケタク思ハレケレハ、藤掛三河守ニ木村小四郎ト云者ヲ輿添ニツケテ、廿八日ノ夜内室并ニ三人ノ女子ヲ信長公へ送リ越サル、【中略】備州下腹ノ男子、今年十歳ニ成ケルヲ、秀吉方ヨリ尋出シ奉リタリケレハ、是ヲモ即チ誅サレケリ、備州ノ内室ハ正シク御妹ナルカ故ニ、暫時ノ間ハ上野介信包ニ預ケ置カル、其ノ後尾州清洲ノ城へ遣ハサレ、三人ノ息女皆御養育成サレ置キ給フ、

市や三姉妹が脱出したのは二十八日夜。供には藤掛（懸）三河守永勝と木村小四郎が従ったとあるが、藤掛は浅井家の家臣ではなく、織田信長から市に付けられた家臣であった。また、小谷退城後の市と三姉妹を預かったのは、信長の叔父で北伊勢の上野城主（三重県津市所在）であった織田信包と記している。その後、彼女らは清洲城に移されたとある。

一方、浅井側の記録で、寛文年間（一六六一〜七三）末に木之本浄信寺の住職其阿雄山が記した『浅井三代記』は、より脚色してこの顛末を描く。落城前々日の二十八日に長政は市を呼んで、「汝は信長の娘（妹）なれば何の子細も候まし、信長の許へ送べし」と言ったが、市は今後「浅井が女房」だと後指を指されることは口惜しいので、一緒に死にたいという。しかし、長政は「今花のやう成る姫共を害せん事も不便（不憫）なり、理をまげてのがれよかし」と説得したので、市も納得して脱出したと記される。その後、「姫君三人北方に女佐の臣藤掛三河守を相そへ信長の許

へ送られける、信長卿北方を取かへし斜めならずよろこび、織田上野守(信包)によきに(良)いたわる(労)べしとて預け置かる」と記している。

藤掛三河守が市らに付き添ったこと、脱出した彼女らを叔父の織田信包に預けたことは、先の『総見記』と同じである。おそらく、『総見記』と『浅井三代記』は、元にしたテキストが同じだったのだろう。ただ、これら江戸初期に成立した軍記物は、何を根拠にしたか分からず、残念ながら市と三姉妹の動向を伝える確実な史料とは言い難い。これらの記述は、「参考」程度にとどめるべきであろう。

## 落城に至る状況

このように市と三姉妹の脱出は、江戸初期の物語によって、その片鱗が語られる程度なのである。天正元年の軍事状況を考えた場合、八月十三日に朝倉義景が近江から越前へ逃げ帰り、八月二十日に自刃した段階から、小谷落城は時間の問題であった。遡(さかのぼ)って四月十二日に武田信玄が信州で死去して以来は、反信長包囲網を形成していた浅井・朝倉軍の劣勢は、火を見るよりも明らかになっていた。八月に入ると、阿閉貞征(さだゆき)や浅見対馬守など浅井氏家臣には多くの離反者が出たが、最後まで小谷籠城していた家臣でさえも、形勢の逆転を信じていたものは、おそらくなかったであろう。

この状況の中で、市と三姉妹は、ほんとうに落城寸前に小谷城から脱出したのであろうか。この点は、我々の想像は江戸時代の軍記物に影響され過ぎているのかもしれない。落城に至るまでの間に、浅井長政と織田信長の間には様々な交渉があったはずで、その中で男子はともかく、市と三姉妹はもっと早い段階で、城外に脱出していたことも想定されてよい。

この小谷落城に限らず、歴史上の有名な場面、誰でも容易に想像できるシーンは、我々がテレビや映画、それに小説によって勝手に思い描いている場合がある。江戸時代以来の伝統ある創作に、我々は左右されていることが多いのだ。市と三姉妹の小谷脱出は、少なくとも良質な史料からは何も描けない。落城が予想される段階で、小谷城から逃れたという事実があるのみである。我々の過去の人物や行動についてのイメージは、何が根拠なのか。想像を膨らますことは必要だが、その根拠は正しいか。あるいは根拠なき空想か。その点は、自分の中でしっかり区別しておいた方がよい。なお、江戸時代に編纂された『岐阜志略』などをもとに、三女・江は身重のまま小谷城を離れた市が、岐阜で出産したとの説がとなえられている。三姉妹そろって小谷を出たことは江戸前期に定着しており、江の岐阜での出生は、にわか

見久尼の伝承を再現したジオラマ
（浅井歴史民俗資料館蔵）

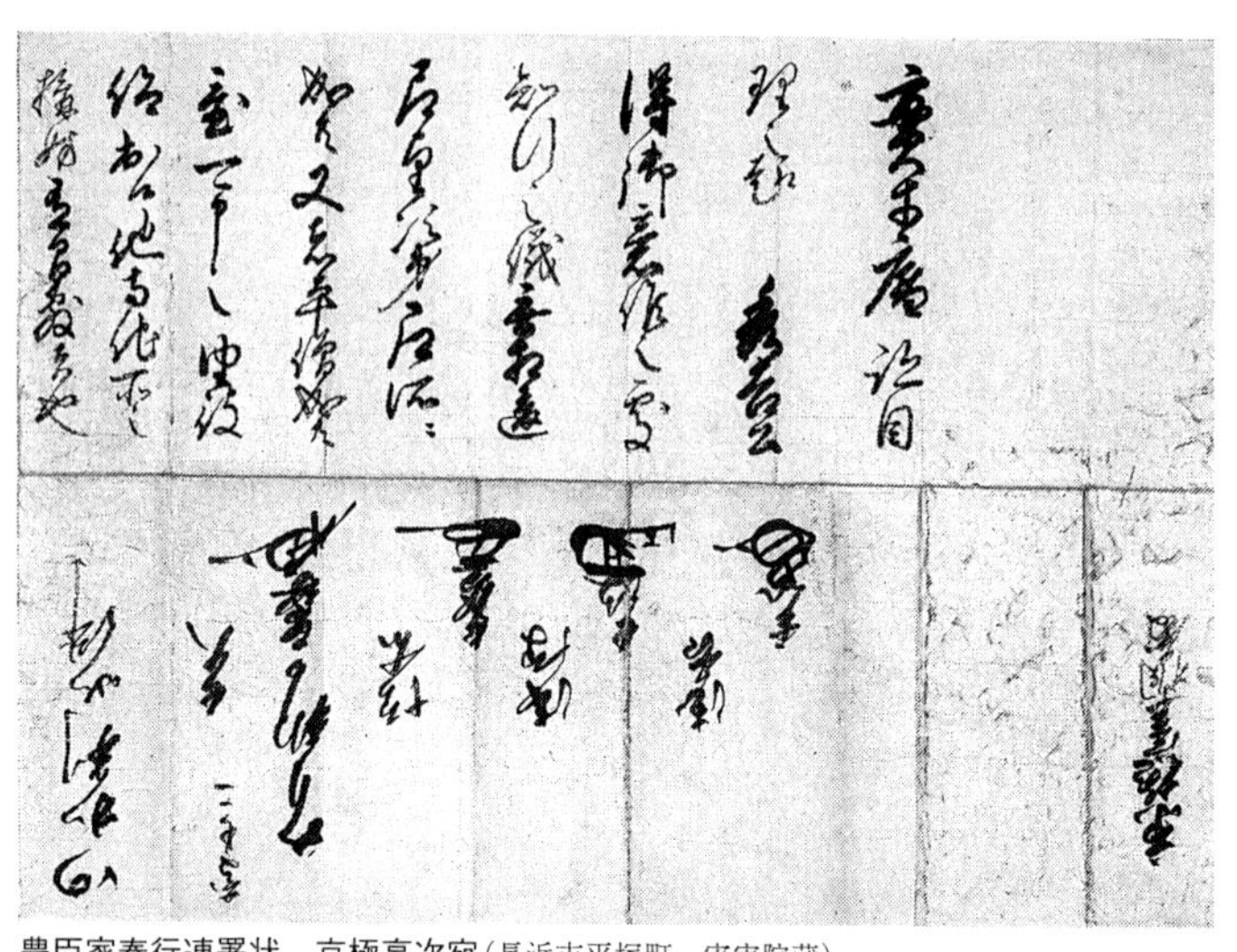

豊臣家奉行連署状　京極高次宛（長浜市平塚町　実宰院蔵）

にはうなずけない所である。

## 実宰院の伝承

先に記したように、『総見記』や『浅井三代記』によれば、織田信長は長政妻子らを弟の織田信包に預け、彼女らは最初に伊勢国上野城、やがては尾張国清洲城へ移されたとされる。しかし、北近江にはこれとは相違する話が伝わる。

小谷城の南東に当たる長浜市平塚町にある実宰院は、浅井長政の姉である実宰院昌安見久尼が中興した寺院として知られる。当院にある位牌によれば、見久尼は天正十三年（一五八五）に四十九歳で死去したとある。逆算すると天文六年（一五三七）の生まれである。身の丈五尺八寸（約一七六センチ）、体重は二十八貫（約一〇五キロ）の非常に大柄な女性であったと伝える。

寺伝によれば、落城に際して浅井長政は、姉の見久尼に三姉妹の養育を依頼し、尼は無事にこの平塚の地で三姉妹を養育したという。落城当時、信長軍が残党狩りにこの寺にやってきたが、尼は咄嗟に二反の布でつくられた法衣の袖に三人の子どもを隠し、難を逃れたという話も伝わっている。実宰院には淀殿によって寄進されたという見久尼の木像が、本堂に安置されている。

### 実宰院に残る文書

この見久尼をめぐる伝説を実証する術はないが、寺に残る慶長二年（一五九七）五月一日の豊臣家奉行連署状は、重要な示唆を与えてくれる。長束正家・増田長盛・浅野長政・前田玄以の四奉行が連署して、実宰庵（当寺は院号は持っていなかった）の跡目については、現在の住持尼の望み次第とすることを、秀吉の許可を得た上で伝えたものである。宛名は三姉妹の次女・初の夫に当たる京極高次である。

本書からは秀吉死去の前年に、高次がこの寺の運営に大きく関わっていたこと、さらにはその住持について秀吉に報告することが必要な程、豊臣家と実宰庵が深い関係にあったことを示している。つまり、この文書は京極家に入った「初」、それに豊臣秀吉の妻となった「淀」と、この寺が「ただならぬ関係」にあったことを示していよう。単に三姉妹の伯母・見久尼が入った寺というだけでなく、三姉妹も一時期は身を寄せていたからこそ、この豊臣家奉行連署状が出されたと考えたい。

この他、豊臣秀吉が関白になった後の天正十九年（一五九一）四月二十三日、実宰庵に五十石の土地を寄進する朱印状を出している。この土地は江戸時代には、秀吉の朱印状によって保証された領地なので「朱印地」と呼ばれ、実宰庵の経営の基本となる所領となった。秀吉が同庵に土地を寄進したこと自体、この寺と三姉妹の縁者である秀吉が深い関係にあったことを類推させる。

## 小谷城搦手からの三姉妹脱出

この実宰庵がある平塚の北に広がる田根の谷には、小谷城から逃れて来た市や三姉妹が、この谷を通り実宰庵に身を寄せたという伝承が残る。確かに、清水谷などの正面は、落城寸前の小谷城において、敵との遭遇の可能性が高く、鉄砲の弾（たま）や弓矢が飛び交う危険地帯であった。小谷城の月所丸（げっしょまる）から、この田根の谷に至る搦手は、市や三姉妹脱出において比較的安全なルートであったことは間違いなかろう。この点からも、実宰庵への三姉妹避難は、史実の可能性を大いに秘めた伝承と言えよう。

なお、お市が柴田勝家と共に北庄城で自害した後、身寄りがいなくなった三姉妹をしばらく預かったのも、この見久尼だったという伝えもある。

# 五　姉川合戦

姉川合戦場北からの空撮（平成22年４月19日撮影）

# 姉川合戦の真相

まず、姉川合戦の経過について、121頁以下でも述べたが通説を再説する。

元亀元年（一五七〇）四月二十日、織田信長は三万の兵を率い京都をたった。

## 姉川合戦前の状況

度々の上洛命令を無視していた越前の戦国大名・朝倉義景を伐つためである。しかし、信長が木芽峠を越えて朝倉氏の本拠へ進入せんとする段階で、江北の戦国大名で自らの妹婿である浅井長政が朝倉氏に与（くみ）して、信長に反旗をひるがえしたとの情報が入った。前後を敵に囲まれた信長は、朽木谷を経由して命からがら京都へ脱出する。

信長は京都から岐阜に帰り、浅井攻めの兵力を調える。近江侵攻に先だって、秀吉の軍師である竹中半兵衛の働きにより、近江・美濃国境の砦・長比（たけくらべ）城を守っていた、浅井側の堀秀村と樋口直房の誘降に成功した。信長軍は、六月十九日に北近江に侵攻、小谷城を見上げる虎御前山に陣を敷き、秀吉以下の家臣に命じて、小谷城下を放火してまわらせた。しかし、堅固な小谷城を一時に攻めるのは無理と判断し、全軍を退かせ後方の横山城を包囲し、自らは徳川家康と共に龍ヶ鼻に陣した。

これに対し、浅井軍五千は越前から来援にきた朝倉景健（かげたけ）（義景の甥）軍八千と一時、大依山に拠ったが、二十八日未明までには、姉川北岸の野村・三田村に移動した。信長も、これに対応し姉川北岸の東上坂集落東の「陣杭(じんご)の柳」付近に陣をはり、徳川家康は近くの岡山に陣をはったと言われる。両軍姉川を挟んで対峙(たいじ)することになったが、信長の正面には浅井軍が、家康の正面には朝倉軍が位置する形となる。なお、家康軍には信長配下の丹羽長秀・池田恒興が加勢したと伝えられている（123頁の図参照）。

## 姉川合戦の経過

合戦は、二十八日未明に家康と朝倉両軍の間で始り、最初朝倉側が優勢であったが、榊原(さかきばら)康政らが側面から朝倉軍を突き、形勢は逆転した。一方、信長と浅井氏の間でも戦闘が開始され、浅井氏の重臣である磯野員昌(かずまさ)が信長の陣深くまで攻め入り、敵を浮き足立たせた。しかし、横山城の監視に当たっていた西美濃三人衆が、浅井勢の側面から攻撃を始め、こちらも浅井勢がみるみるうちに不利になった。やがて、浅井・朝倉軍は北へ退いた。

信長は、逃れる浅井・朝倉軍を追って小谷城下を放火したが城攻めは避け、合戦後浅井方の軍勢が退いて接収した横山城に木下秀吉を守りに付け、自らは七月六日には京都へ帰っている。姉川合戦に敗れた浅井氏家臣の内、坂田郡南部の天野川流域の武将たちは、磯野員昌に従って坂田郡と犬上郡の境の佐和山城に入城し、信長へ抵抗をこころみるが、これには丹羽長秀を当て見張らせた。

以上が、姉川合戦の通説に従った概要である。しかし、合戦場を丹念に歩くと、これまでとは異なる姉川合戦観が見えてくる。ここでは、長浜市教育委員会による新たな調査報告も踏まえながら、現場に残された史跡をヒントに、この合戦を見直してみよう。

### 横山城―合戦の発端となった城―

織田・徳川軍と浅井・朝倉軍が姉川で衝突することになった理由については、信長が城攻めを避け、浅井・朝倉軍を城から誘き出し、得意な野戦に持ち込んだためと説明されることが多い。信長は、近江侵攻間もない六月二十一日から、虎御前山に陣を置き、小谷城攻めを行なった。しかし、浅井氏が三代にわたって築き上げた堅城を無理攻めすることは、あまりにも犠牲が多いことを悟り、浅井氏を城から誘き出す戦法に変換した。

その戦法とは、小谷城の南東約十キロにある支城の横山城攻めであった。横山城には、浅井方の大野木茂俊・三田村左衛門尉・野村直定などが入っていたが、湖北一円が眺望できる軍事上極めて重要な城であり、浅井氏にとってこの城を失う損失はあまりにも大きかった。信長は必ず援助のため浅井氏が動くだろうと読んだと考えられる。

横山城は、長浜市と米原市（旧山東町）の境界である横山丘陵（臥龍山）上にあった浅井氏の支城である。その標高は、最高部で三百十二メートル。現在は長浜市石田町からと、米原市朝日からの登山口がある。平成十年度から行なわれている長浜市教育委員会による測量調査によって、その城域は三方に伸びる尾根と、それに切り込む谷に及んでおり、南北五百メートル、東西四百五十メートルにも及ぶことが分かってきた。今まで知られていなかった規模で、曲輪（くるわ）や堀が現存していることが明らかになったのである。現在も、土塁・竪堀（たてぼり）・堀切（ほりきり）の残存度は高く、特に西側の尾根に位置する二重堀切は、この城を代表する遺構として著名である。

横山城の二重堀切（辻村耕司撮影）

## 横山丘陵上の陣所と龍ヶ鼻砦

信長は、二十四日に全軍に指示し、東西南北四方から横山城を包囲する。信長はその本陣を、横山丘陵の北端である龍ヶ鼻に置いたことが『信長公記』から知られる。これは、北側から横山城を包囲した信長軍の最後尾に当たった。この横山城包囲を行なった信長軍の陣形を復元することは、まったく史料がなく困難である。

ただ、先にも記した平成十年からの長浜市教育委員会による調査によって、この横山丘陵上には横山城以外にも、三十以上の砦が確認された。これらは、横山城から龍ヶ鼻砦まで三キロ余りに及ぶ尾根上に点在する。いずれも、四～五世紀の古墳を改良し、土盛りの跡や削平の痕跡(こんせき)が認められ、古墳を改良した砦だと判断されたのである。これらの古墳改良の陣所が、いついかなる目的で築造されたかは、文献上ではまったく確定できない。ただ、当時の政治状況から判断すると、信長による横山城包囲のための陣所として使用されたものが、多数あると推定される。この横山城包囲の陣所は、横山城の南の丘陵上や、その東西の平地にも点在していたと考えられる。また、信長が本陣を置いた龍ヶ鼻砦は、五基の古墳を改良し、それらを土橋でつなぐ形で造成されている。そこから五百メートルほど西側に下ったトレンチからは、瓦製(がせい)の風炉(ふろ)が発掘されている。この風炉は、その形状から十六世紀のものと判断された。『信長公記』には、六月二十四日の条に、「(よこ山の城)、四方より取詰め、信長公はたつがはなに御陣取、家康公も御出陣候て、同竜が鼻に御陣取」とある。したがって、龍ヶ鼻が信長や家康の本陣となったことは確実で、当地で発見された風炉は、信長あるいは家康の陣中で、茶を点(た)てるのに使用されたものと考えられる。

さて、一方の浅井軍であるが、同じ頃に大きな動きがあった。朝倉景健が率いる朝倉軍が到着したのである。二十四日には朝倉軍と共に、横山城の北五キロに当たり、その動静を監視できる大依山（おおより）に陣を移す。『甫庵（ほあん）信長記』によれば、この時浅井氏の陣営には、横山救援のためさらに南に軍を進めることについて反対論があったという。しかし、遠藤直経の強行論が支持され、二十八日未明に浅井・朝倉軍は姉川北岸に進む。織田・徳川軍もこれに呼応し姉川南岸に集結、戦闘の火蓋が切られた。

## 「遠藤塚」が語るもの

現在、長浜市東上坂町の田地に、小字「円藤」と呼ばれる所がある。そこには、「遠藤喜衛門直経之墓」と刻まれた石碑が建っているが、これは最近の圃場整備によって移転されたものである。本来は、その約四十メートル程北にあり、「遠藤塚」と呼ばれた小丘が畑の中にあった。ここは、浅井長政の重臣として知られる遠藤直経が、討ち死にした場所と伝える。直経は合戦当日、信長本陣深く攻め入り、味方の首級を一つ携え、信長勢力に偽装し信長の頸（くび）を狙ったが、竹中重矩（しげのり）（半兵衛の弟）に見破られ討ち死にしたと伝えられる。この場所は、信長の本陣跡と言われる「陣杭（じんご）の柳」よりも約三百メートル程後方に存在する。なぜ、当初の信長本陣から後退した場所に、遠藤喜右衛門の戦死場所があるのか。ここでは、その理由を探ってみよう。

## 藤本正行氏による姉川合戦観

藤本正行氏は、両軍の大規模な正面衝突となった姉川合戦を、戦国大名にとっては極めて異例な合戦と位置づける。信長の長い戦歴の中でも類例がないという。同氏によれば、戦国大名は、自軍の損害を最小限にくい止めて合戦を行なおうとする。兵力の伯仲する敵軍との正面衝突は極力避けたという。そのかわり、敵の領内で放火や刈田（かりた）を行い、敵城の近くに城を築いたりして圧力をかけ、経済的・心理的に敵を弱らせる。さらに、敵の部将を勧誘し敵陣営の切り崩しをはかる。そこで、敵の劣勢が明らかになったところで総攻撃をかけ、敵を敗北に追いやるのである。姉川合戦に続く三年にわたる小谷城攻めは、まさにこの方法で行なわれた。

しかし、姉川合戦は両軍の全面衝突となった。なぜ起こったかについて、藤本氏は浅井長政がそれを望んだためと結論する。長政は、兵力の点において信長にはるかに劣っていた。従って、彼には同盟者である朝倉義景の援軍を期待するしかなかった。朝倉軍は決戦の直前に到着したが、いつまでも湖北にいてくれるとは限らない。特に、近江と越前は冬期に交通が遮断され援軍は望めない。浅井長政は朝倉軍が到着次第、積極的な行動に出る必要があったのである。

信長側は、敵が攻勢に出る確立は低いと考えていた。しかし、長政は信長本陣に向かって南下してきた。ことここに至っては、自軍の損害もある程度覚悟し、応戦しなければならない。幸い、徳川家康の援軍も二十四日には到着していた。信長にとっても、ここで一戦を交えることは、浅井・朝倉軍の主力を撃破できる絶好の機会であることも事実である。下手に迎撃体勢に入り、敵に臆したと思われては付け込まれる。そこで、織田・徳川連合軍も撃って出た。

信長の戦歴の上でも、また戦国合戦史上も極めて異例な、戦国大名同士の正面衝突は、こうして起ったと藤本氏は説明する。

## 浅井・朝倉氏の奇襲作戦

『信長公記』などによると、姉川合戦当日の兵力は、浅井軍が五千ばかり、朝倉軍が八千ばかりであった。一方、織田軍は二万前後、徳川軍も五千ばかりはいたと考えられる。合戦は、二十八日未明に浅井・朝倉軍が布陣していた大依山から突然南進を始め、姉川北岸に布陣したことで始った。なぜ、浅井・朝倉軍は兵力が劣るのに、先に戦闘をしかけたのであろうか。

信長は、この時龍ヶ鼻に本陣を構え、横山城を包囲しつつ、北の浅井・朝倉軍の動きを監視していた。信長の家臣太田牛一の著である『信長公記』は記す。浅井・朝倉軍は「六月二十七日の暁陣払ひ仕（つかまつ）り、罷（まか）り退き候と存じ候の処、二十八日未明に三十町ばかりかかり来たり」と。すなわち、信長は横山城援軍のために大依山まで出張していた浅井・朝倉軍が、さらに南下するとは考えていなかったのである。ところが、実際は浅井・朝倉軍の突然の南進から合戦が始った。

先に示した藤本正行氏は、兵力の劣る浅井・朝倉氏の方から進撃してきた事実をこう説明する。

両氏としては、このまま十キロ以上も離れたままの対陣が続けば、横山城を失う恐れがある。横山を失うということは、北国脇往還の通行が遮断され、さらに横山を救援できなかったということが、味方の士気に深刻な影響を与える。こう考えた浅井・朝倉軍は積極的に撃って出たというのである。

これに対し私は、浅井・朝倉軍は奇襲攻撃に出たのだと考える。信長が戦後毛利元就へ送った七月十日付の書状に、「小谷より二里余南ニ横山と申し候地を、浅井かたより拘え置き候間、打ち果たすべきためニ詰陣申し付け、信長も在陣候、然して後巻として、越前衆、浅井衆、都合三万ニ及ぶべく候か、去る月（六月）二十八日巳の時、取り出で候」とある（「毛利家文書」）。すなわち、織田信長が横山城攻めをしていた「後巻」＝「後詰め」に、浅井・朝倉軍が遠方から前進してきた状況が描かれている。詳しい布陣は記録が残らなので不明だが、信長軍は横山城を包囲し、その最後尾にあたる龍ヶ鼻に信長は布陣していた。信長の陣は南を向いていたのである。

## 信長軍の後退

信長は北に「後詰め」に来た浅井・朝倉軍には当然気づいていたが、『信長公記』にもあるように、突然南下してくることはないだろうと読んでいた。浅井・朝倉軍はこの油断をついた。この段階で、信長軍に突入すれば、その布陣の背後を襲うことができ、信長の本陣を直接襲撃できるのである。事実、信長軍は浅井軍を迎え撃つのに、『信長公記』

に「東は野村郷そなへの手へ信長御馬廻り」が当たったと記しており、浅井軍（野村）に向かって自らの馬廻りで戦っている。

河合秀郎（ひでお）氏は信長本陣が裸になったのは、浅井・朝倉軍をおびき寄せるための罠（わな）であったと述べている。信長が自らの本陣を浅井側に向けた陣形を敷いたことは、確かに浅井・朝倉勢を決戦に誘き出す罠と言えるのかもしれない。しかし、『信長公記』の先の記述は、奇襲に驚いた信長勢の動揺を控えめ記している。やはり、奇襲は一定度成功したと見るべきである。浅井・朝倉軍の南下が急で、横山包囲の軍を北に展開できず、最後尾に位置した信長本陣が、逆に最前線になってしまったのである。陸軍参謀本部編纂の『日本戦史』では信長はこの時、坂井政尚（まさひさ）を第一陣とし信長本陣を最後尾とする七段の陣形を組んだとするが、これは『東浅井郡志』が鋭く批判するように、後世の想像にすぎない。

ここで想起されるのが、浅井氏の家臣である遠藤直経に関する『甫庵信長記』などに見える先の逸話である。遠藤は、先に述べたように大依山に集結した浅井・朝倉軍の信長本陣への突入を強く主張した人物である。遠藤は合戦当日、信長本陣深く攻め入った。その討ち死に場所である「遠藤塚」は、信長の本陣跡と言われる「陣杭の柳」よりも約三百メートル程後方に存在する（164頁参照）。遠藤直経を主とする浅井軍の奇襲部隊は、信長本陣への切り込みに成功し、それを三百メートル以上も押し下げたが、横山城包囲の信長の部将が次々に信長本陣付近に集結し、遠藤の進撃はそこでくい止められたと考えられる。遠藤を主力とする奇襲作戦はある程度成功を収めたのである。なお、諸史料には磯野員昌が浅井軍の先陣をつとめたというが、良質の史料からはその事実を確認することはできない。

浅井・朝倉氏は兵力が劣るからこそ奇襲攻撃を行い、信長本陣の攪乱を狙い、あわよくば信長の頸を取る作戦に出た。その作戦の一定度の成功を、この「遠藤塚」は表わしているのである。

## 姉川合戦での戦死者

改めて説くまでもなく、姉川合戦は浅井・朝倉軍の惨敗であったというのが通説である。しかし、今谷明氏は、『言継卿記』に「徳川衆、織田衆も多く死すと云々」とある記事を引用して、姉川合戦の実情は織田方の大苦戦で、家康の奮戦によって、かろうじて浅井・朝倉連合軍の南進をくい止めたというのが真相であったと説く。

一方、河合秀郎氏はこの合戦で信長側が得た成果は非常に少なかったと結論する。決着がつかなかった決戦であった言うのである。それは、浅井・朝倉軍の戦死者を見ると明白となる。浅井勢が浅井雅楽助の他、弓削六郎左衛門・今村掃部介・遠藤直経など、朝倉勢では真柄十郎左衛門・前波新八・同新太郎・小林端周軒・魚住竜文字・黒坂備中など。これが『信長公記』に載る、信長・徳川軍が討ち取った「頸の注文」である。

これらの家臣は、浅井・朝倉氏の重臣と呼べる程の地位にあった者は少なく、城持ちの領主もほとんど含まれていない。特に、その傾向は朝倉勢に顕著である。したがって、浅井・朝倉氏の損傷は、決して致命的なものとは言えないと河合氏は述べる。確かに、朝倉勢の中で一族の当主と思われるのは、黒坂備中ぐらいで、他には、剛力者で大太刀を振るって活躍したことで知られる真柄十郎左衛門が目をひく程度である。

ところで、『甫庵信長記』や『寛政重修諸家譜』によると、真柄十郎左衛門ら朝倉軍の主な戦死者が、徳川勢に討たれたのは、「田川・虎御前山」の辺りであったとする。これは、総崩れになった朝倉勢を徳川勢が追撃して、北西へ約四キロ程行なった場所での出来事である。『寛永諸家系図伝』や『寛政重修諸家譜』は、徳川氏家臣たちの戦歴を多く載せる。当然、姉川合戦での活躍についても、多くの家臣が触れているのであるが、具体的な戦死者となると殆ど記載がないのが実情である。徳川勢の戦死者としては、松平伊忠の家老である嶋田右衛門佐の名が上がる程度である。織田軍の戦死者としては、坂井政尚の子で、わずか十六歳で討死した坂井久蔵の名が知られる。愛知県豊田市下市場の光明寺には、この久蔵をまつる「久蔵地蔵」が安置されている。朝倉勢で頸を取られた部将も、先の『信長公記』の記述の域を出ない。

## 余力をもって退却した浅井軍

これらの事実からは、徳川軍と朝倉軍は、姉川を挟んでにらみ合っていたのみで、さしたる合戦を行なっていないのではという推論が生まれてくる。浅井軍と織田軍の戦闘で、浅井軍が押し返されたのを見て、朝倉軍が退却を始め、これを徳川軍が追撃した際に真柄以下の戦死者が出たのではないだろうか。

浅井勢の戦死者を見ても、有力家臣が含まれていないことは河合氏の指摘する通りである。『嶋記録』は浅井氏の家臣である坂田郡飯村の土豪嶋氏の由緒書であるが、そこには坂田郡南部の土豪たちの内、姉川合戦で戦死した者や手負（ておい）を受けた者のリストが載せられている。この合戦で戦死した者は、土豪たちの家来も含めて合計三十人。侍分で戦死した者は、嶋姓や河口姓の者を含む十五人であったが、そこには各家の当主たちは含まれていない。嶋秀安・河口藤七郎・岩脇定政・井戸村光慶など、この地域の有力土豪の当主たちは合戦場を無事切り抜け、磯野員昌に従い佐和山籠城を遂げている。『信長公記』や残された古文書・記録から見ても、浅井氏政権内で確固たる地位を保っていたことが分かる戦死者は、遠藤直経ただ一人である。

このように、戦死者から見ても姉川合戦が浅井・朝倉氏に致命的な打撃を与えていないことは明らかである。さらに、河合氏も指摘するように、浅井・朝倉軍は、同じ年の九月から暮にかけて「志賀の陣」に出陣する余裕を持っていた。浅井・朝倉軍は、遠藤直経の信長本陣への突入の失敗を確認した上で、早々に退却し、余力を残して信長との長い持久戦に備えたのである。姉川合戦は、信長の戦歴上重要な位置を占めることは勿論だが、戦いの結果は、雌雄を決した戦いとはならなかったのである。

江戸時代の軍記物や陸軍参謀本部編纂『日本戦史』などは、信長勢が浅井勢に押されているのを見て、榊原康政や本多広孝等に朝倉勢の側面を突くように命じたという。朝倉勢は、正面と側面から挟撃されることになり全軍総崩れとなり退却を開始したと記されている。織田軍は浅井軍に深く攻め入られ苦戦したのとは好対照で、姉川合戦での徳川家康の計略が高く評価される所以（ゆえん）である。

しかし、藤本正行氏はこの話を否定的に見る。仮にそのような事があったとしても、それは兵力に余裕がある織田・徳川軍が、敵の側面にまで兵を送り込んだだけの話だとする。戦闘は、姉川を挟んだ非常に見通しのよい場所で行なわれた。浅井・朝倉軍が徳川軍の側面攻撃に気づかない訳はないという藤本氏の意見は、もっともな話である。さらに同氏は、このことを含めて江戸時代の文献は、姉川合戦における徳川家康の武功を喧伝（けんでん）し過ぎるきらいがあるという。徳川将軍が君臨した江戸時代に、徳川礼賛の文献が多く生み出されるのは、考えてみれば当然の結果とも言える。この点は、本章187頁以降で詳しく述べる。

## 三田村の合戦関係史跡

さて、私は先にも記したように、徳川軍と朝倉軍の間に本格的な合戦は展開されなかったという立場をとる。先に戦死者の状況をみて、そのことを証明しようとしたが、徳川軍の陣した姉川左岸（南岸）と、朝倉軍の陣した姉川右岸（北岸）の姉川合戦にまつわる史跡を比較しても、合戦当日の両軍の状況はある程度推定できる。

すなわち、姉川左岸には徳川家康が陣を敷いたという岡山（勝山）があるのみであるが、姉川右岸の野村・三田村（長浜市野村町・三田町）内には、合戦による血に染まったという血川・血原の名が残り、合戦での戦死者を葬ったという「七十士の墓」や「千人斬りの丘」の伝承が残っている。これらの史跡からは、合戦が主に姉川右岸、つまり朝倉氏の陣内で行なわれたことを示している。最初は朝倉軍が徳川軍に迫ったという諸書の記述が真実ならば、姉川左岸にも戦跡がもう少し残りそうなものである。姉川右岸である野村・三田村の悲惨な戦跡は、戦わずして退却し、追撃により総崩れとなった朝倉軍の惨状を示しているものであろう。

以上の想定に立てば、徳川軍の側面攻撃はあったとしても、それはさしたる意味は持たない。退却する朝倉軍を後方からと側面から撃ったことは当然考えられるが、それが合戦の勝敗を決するものでなかったことは最早明らかである。従って、藤本氏が徳川家康による側面攻撃の話は、江戸時代の徳川礼賛の一例とする考えには、結果的に大いに賛意を表する。

## 従来の合戦観からの脱却

私が描く姉川の合戦は、両軍が何段にも陣を構え、姉川をはさんで死闘を繰り返すような戦国合戦らしい合戦では決してなかった。藤本正行氏が言う、極めて異例とされるような正面衝突はなかったのである。逆に、藤本氏が戦国大名の戦略として述べように、なるべく正面衝突を回避する方向で、この日の浅井・朝倉軍は行動している。

ここで姉川合戦の実状を繰り返せば、事の発端は浅井軍が、横山城攻めで背面をみせる信長本陣へ奇襲を仕掛けたことにあった。遠藤直経の突進により、これはある程度成功をおさめるが、横山城攻めから展開した信長の部将たちの反撃で、浅井軍の突撃隊の勢いは押し止められ遠藤直経は戦死し、帰って反撃を受ける。浅井軍としては、それ以上姉川付近に留まることは、織田軍との全面衝突となり多くの人命を失うことになるので、早速小谷城へ向かって退却を始めた。朝倉軍は、遠藤の突進をしばらく見ていたが、反撃にあう様子を見て、こちらもすぐさま退却を開始する。浅井・朝倉軍としては、信長本陣の撹乱による織田軍の総崩れを想定したが、それが果たせないとみるや退却の道を選んだのである。

姉川合戦は、戦力の消耗を最小限にくい止めて雌雄を決しようとする戦国合戦の典型的な一例であったと言えるのである。なお、最近、桐野作人氏は私の浅井氏奇襲説を否定し、信長は不利な態勢を承知の上で、馬廻りの軍のみで戦ったとする説を展開している。

# 姉川古戦場の史跡

ここでは、姉川合戦を現在残る史跡をたどることで見直してみよう。なお、現地にもほぼ同内容を記した看板が「姉川の合戦再見実行委員会」によって建てられているので、参考にしてほしい。本項の文章は、同委員会の史跡研究部会での作業成果を私がまとめたものである。

## 1　陣田（長浜市野村町）

当地は姉川合戦の際、浅井軍八千人（陸軍参謀本部編纂『日本戦史』による兵数）を率いる長政本陣があった場所と伝えられる。合戦当日の元亀元年（一五七〇）六月二十八日の前日まで、浅井長政は北方に見える大依山に布陣して、姉川対岸の織田・徳川二万九千人（同前書による）に及ぶ軍勢の動向をうかがっていた。しかし、二十八日未明に至り、重臣の遠藤直経の進言に従い、当地に軍を進めたとされる。

昭和六十年（一九八五）に完成した野村町の圃場整備まで、当地には「陣田」と呼ばれる小高い丘が存在し、浅井長政の本陣跡と伝えて来た。野村に展開した浅井全軍を見渡せる格好の位置は、伝承の正しさを物語っていると言える。なお、野村集落内には、現在も複数の土塁が認めら

血川跡　長浜市野村町（辻村耕司撮影）

陣田　長浜市野村町（辻村耕司撮影）

れ、野村氏や多賀氏などの浅井氏家臣屋敷の痕跡と考えられているが、姉川合戦では浅井軍の陣所として使用された可能性もある。

## 2　血川（長浜市野村町）

血川は、浅井長政の軍隊が陣を置いた野村（長浜市野村町）集落の南を流れていた。合戦で血に染まった川の意味だが、その多くが信長軍によって追い立てられた浅井軍の将兵のものと見られる。昭和六十年に完成した野村町の圃場整備により流路がなくなり、今では痕跡がほとんどないが、旧川が道を横断した部分にトンネル状の遺構が残存している。なお、血川の東の姉川土手下には、戦死者を葬った場所との伝えがある「塚町」の地名が残っている。血川との関連を想定してよい。

## 3　血原（長浜市三田町）

朝倉軍の主将であった景健の本陣は、三田集落（長浜市三田町）内の三田村氏館におかれたと推定されており、南の姉川の対岸に

1 陣田（浅井長政本陣跡）
陣屋橋
2 血川
姉川戦死者之碑
塚町
旧野村橋
北池町
佐野町
今荘町
今荘橋
国道東上坂
陣杭の柳 6
茶臼山古墳
7 龍ヶ鼻の砦跡
8
東上坂町東
東上坂町
遠藤直経の墓
垣籠町
北郷里公民館
息長陵
村居田
保多町
堀部町
11 大依山
岩崎山
草野川
姉川古戦場
1
5
姉 川 9
6
365
姉川古戦場現状図

野村西
大路町
118
116
三田町
5三田村氏館跡
（伝正寺）
野村橋北詰
七十士の墓 4
千人斬りの丘
110
117
古戦場石碑
3血原
養護学校
川
今村橋
姉
岡山9
131.
118
千草町
112.4
東
順慶寺
西上坂町
上坂氏館跡
10
馬車道
榎木町
千草口
112
西上坂町
春
長浜ＩＣ 106
0
500
1000
1500m

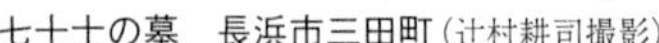

七十士の墓　長浜市三田町（辻村耕司撮影）

ちはら公園　長浜市三田町（辻村耕司撮影）

ある岡山には徳川家康の本陣がおかれた。その中間にある当地は、朝倉軍と徳川軍の決戦の地となった場所で、多くの戦死者の血で染まったとの伝承があり、「血原」と呼ばれている。

両軍の戦いで、最も有名なのが朝倉軍の武将で、刃長五尺三寸（約一六〇センチ）の大太刀を振るって奮闘した、真柄十郎左衛門直隆の討死である。最初徳川家康の家臣であった匂坂（さきさか）式部と渡り合っていたが、途中からその弟の向坂吉政が十文字槍をもって助太刀に入り、真柄の首を討ち取ったと言われる。しかし、『信長公記』には真柄の首を取ったのは青木一重と記されており、姉川合戦を代表する逸話でありながら、その伝える所は諸本によって多少異なっている。

平成十九年（二〇〇七）、滋賀県の「ちはら地区水質保全対策事業」として、従来の血原塚（「姉川古戦場址」の碑）の北に「ちはら公園」が開設された。駐車場や東屋（あずまや）も完備され、より訪れやすい場所となっている。

## 4　七十士の墓（長浜市三田町）

姉川合戦での戦死者を葬った場所に建てられたと伝える石塔群である。もとは、この西北の「西三昧」と呼ばれる場所にあった墓石を、昭和五十五年（一九八〇）に完成した三田町の圃場整備に際して地蔵堂付近の当地にまとめたもの。「西三昧」は三田村氏館跡に移転した伝正寺の旧地とされ、その移転の時期は、正徳五年（一七一五）頃と考えられている。

石塔は五輪塔と宝篋印塔からなるが、その形態は姉川合戦があった戦国末期のものといえ、伝承を裏付けている。なお、この石塔群は三田村城の城主であった三田村左衛門一族の墓との説もある。

## 5　三田村氏館跡（長浜市三田町）

京極・浅井氏の家臣で、姉川北岸で大きな勢力をほこった三田村氏の屋敷跡である。ほぼ六十メートル四方の土塁に囲まれた平地城館で、土塁の高さは二メートルから三メートル、幅も平均五メートル程度を測る。北側の土塁の一部は近代になって破壊されたが、西側には館の入口にあたる虎口が良好に残り、その前には堀跡が畑となっており旧状をしのぶことができる。また、四角い主郭の北側にも、三田公会堂周辺には鍵形に土塁が残存し、複数の曲輪からなる城館であっ

三田村氏館跡西側虎口　長浜市三田町（辻村耕司撮影）

たことが類推される。

長浜市教育委員会による平成十七年度・十八年度の発掘調査により、西側土塁に平行する南北二本の溝が館の内側で確認され、土塁が二時期に分かれて築造されたことが分かった。上部（新層）からは十五世紀から十六世紀前葉頃の土師器を中心とした遺物が出土し、戦国時代に至り館の防御性を高めるため、土塁を高くしたことが明らかとなっている。

姉川合戦に際しては、朝倉景健の本陣として使用されたと考えられ、上部の土塁はその時盛られたものかもしれない。平成十九年七月二十六日、「北近江城館跡群」の一つとして国指定史跡となった。

## 6　陣杭（じんご）の柳（長浜市東上坂町）

姉川合戦における織田信長の本陣跡と言われる場所である。合戦当日の朝、信長はこの東方の龍ヶ鼻砦にいたが、姉川北岸への浅井・朝倉軍の展開を知って、この場所に本陣を構えたとされる。

ここに立つ柳は、信長が陣太鼓をかけて指揮をしたという伝承があり、「陣杭」は本来「陣鼓」と書かれたとも言う。あるいは、信長本陣の柵に使われた生木（なまき）が自生したものとも伝わるが、現在の柳は平成元年（一九八八）に三代目の木から枝を取った四代目が倒れたため、最近になって五代目を植えたものである。もともと、約十メートル北西に立っていたが、平成九年の圃場（ほじょう）整備により現在地に移植した。なお、この柳は尾上柳（おのえ）という種類である。

陣杭の柳　長浜市東上坂町
平成21年３月18日撮影

## 7　龍ヶ鼻の砦跡（長浜市東上坂町）

龍ヶ鼻は、姉川合戦の直前に、織田信長や徳川家康が本陣をおいた砦跡である。合戦直前の六月二十四日から、織田信長はこの龍ヶ鼻に陣を移し、徳川家康も合流して、南方の浅井側の城・

横山城の攻撃を行なった。

　龍ヶ鼻の砦は、横山丘陵（別名「臥龍山」）の北端（標高百八十七メートル）や、その中腹にあたる茶臼山古墳（滋賀県指定史跡、前方後円墳）の後円部にあったと見られる。龍ヶ鼻の北端には現在、前方後方墳一基と円墳二基・方墳二基からなる古墳群が展開するが、その古墳の頂部を削平する形で、五～六ヶ所の曲輪が並んでいる。全体に砦の輪郭線などは不明瞭で、急場作りの陣所と考えられているが、平成十五年（二〇〇三）には下方の曲輪から、瓦質風炉（点茶用）も発掘されている。

龍ヶ鼻中腹にある茶臼山古墳（前方後円墳）の後円部（姉川合戦の信長軍陣所）（辻村耕司撮影）

　茶臼山古墳は全長九十二メートルを測るが、その後円部は兵士が駐屯するように削平されているので、信長の陣所の一部と考えられている。なお、当地は明治四十三年（一九一〇）八月四日に久邇宮邦彦王、昭和六年（一九三一）五月十九日には日本陸軍に属した朝鮮王族の李垠が、姉川合戦の戦場視察の場としており、後者については記念碑が建立されて現存している。
　合戦当日の未明、浅井・朝倉軍が姉川北岸に前進したのを見て、織田信長は「陣杭の柳」へ、徳川家康は「岡山」へ、ここから本陣を移し決戦を迎えた。

## 8　遠藤直経の墓（長浜市東上坂町・垣籠町）

ここは姉川合戦の際、浅井長政の重臣である遠藤直経が討死した場所と伝えられ、小字も「円藤（遠藤）」という。遠藤直経は「喜右衛門尉」と名乗り、坂田郡須川（米原市須川）出身で、一時同郡宇賀野（うかの）（米原市宇賀野）にも居住していたとされる浅井氏の重臣である。古文書にも多く登場するが、『浅井三代記』などの俗書にも頻繁に取り上げられ、浅井氏家臣中でも逸話が多い武将と言えるだろう（93頁以下参照）。

姉川合戦の際、自軍の敗色が濃くなると、味方の武将首一つを携え敵軍に偽装、信長の陣中深く忍び込んだが、竹中久作重矩（しげのり）（半兵衛の弟）に見破られ討ち死にしたと言われている。かつて当地の四十メートル程北の畑の中に、「遠藤塚」と呼ばれる塚があり、直経の墓と伝えてきた。昭和五十四年（一九七九）には墓標が建てられたが、平成九年（一九九七）に、圃場（ほじょう）整備事業のため

遠藤喜右衛門直経の墓　長浜市東上坂町（辻村耕司撮影）

現在地に移転している。なお、毎年七月には、その追悼法要が現在も執り行なわれている。

## 9 岡山（おかやま）〔勝山〕（長浜市東上坂町）

岡山〔勝山〕 長浜市東上坂町（辻村耕司撮影）

東上坂町の北、千草町に隣接するこの山は、元来「岡山」と言ったが、姉川合戦の時に徳川家康が陣をおき、戦いに勝ったことに因んで「勝山（かつやま）」と呼ばれるようになったと言われる。徳川家康軍は激戦の末に朝倉軍を敗走させ、それにより劣勢の織田軍も盛り返し、勝利を得たと伝えられている。

江戸時代以来「流岡（ながれおか）神社」が鎮座していたが、明治四十一年（一九〇八）に上坂神社（東上坂町）に合祀（ごうし）された。この「流岡神社」には織田信長が勝利祈願をしたとの社伝があり、境内の大杉の上部が今も枯れているのは、合戦の折に両軍の矢が飛びかって、枝を折ったためと伝えられている。一方、上坂神社には織田信長が寄進した金燈籠（かなどうろう）が現存しているという。

## 10　上坂氏館跡（長浜市西上坂町）

戦国時代に京極氏・浅井氏の家臣であった上坂（こうさか）氏の館跡である。上坂氏は、室町時代から北近江の守護であった京極氏の有力家臣で、戦国時代には上坂家信・信光が出て、京極氏執権として湖北統治の実権を握った。さらに、伊賀守意信（おきのぶ）は浅井氏に仕え、姉川合戦の時は横山城を守備していた。天正元年（一五七三）の浅井氏滅亡後は、その子正信が秀吉の弟・羽柴秀長の家臣として各地を転戦している。関ヶ原合戦の際、西軍となり敗れたことで帰農、正信は叔父の信濃守貞信から屋敷跡を受け取り、江戸時代はこの地で生活することになる。

上坂氏館跡　長浜市西上坂町（辻村耕司撮影）

上坂氏は中世以来江戸時代に至るまで、姉川から取水し北郷里地区を灌漑する「郷里井（ごうりゆ）」の管理者として知られ、姉川上流や北岸の村々との争いに際しては、その代表者として臨んだ。館跡は土塁と堀に囲まれた複数の城館からなり、今も「いがんど」（伊賀守屋敷）や「しなんど」（信濃守屋敷）の地名、それに土塁の一部を残している。また、江戸時代の絵図（「上坂家文書」）にみえる「丸之内」の跡が、西上坂町の児童遊園になっている。

## 11　大依山（おおよりやま）・岩崎山（長浜市大依町・西主計（かずえ）町・乗倉（のせくら）町）

大依山浅井氏本陣から見た姉川合戦場
（佐々木洋一画・長浜市長浜城歴史博物館提供）

浅井文化スポーツ公園東の南北に連なる山を岩崎山といい、その北、東西に横たわる山を大依山と呼ぶが（122頁参照）、姉川合戦直前に浅井・朝倉連合軍が陣を置いた場所として知られる。元亀元年（一五七〇）七月十九日、近江に侵攻した織田信長は、最初浅井氏の居城小谷城まで兵を進めるが攻めきれず、二十四日には浅井氏家臣が籠城する横山城を包囲する。それを見た、浅井・朝倉軍は横山城や姉川をのぞむ、この岩崎山・大依山の地に陣を置いたと考えられている。

信長の伝記である『信長公記』には、「朝倉孫三郎（景健）後巻（うしろまき）として八千ばかりに罷立（まがりた）ち、大谷（小谷）の東をより（大依）山と申候て、東西へ長き山あり、彼山に陣取なり、同浅井備前（長政）人数五千ばかり相加り」とある。ここでは朝倉軍と浅井軍あわせて、都合一万三千の人数が大依山付近に陣を置いたと記す。大依山に朝倉景健の陣、そこから南に伸びる岩崎山に浅井長政の陣が置かれたと推定できる。その四日後の六月二十八日、浅井・朝倉軍は姉川まで南下し、横山城包囲から北に展開した織田・徳川軍と戦った。

現在、岩崎山には古墳の墳丘を削平したり、傾斜面を削平した陣所跡とみられる場所が無数に存在し、大依山には堀切・土塁・削平地からなる陣跡が二ヶ所で確認されている。姉川合戦に至る経緯を説明する遺跡として、これらの陣跡は重要である。

なお、岩崎山の尾根上には、円墳五基前後、方墳五基以上、前方後円墳二基からなる乗鞍古墳群が存在する。特に、全長四十メートルを測る前方後円墳・乗鞍古墳は巨大で、四世紀後半の浅井郡の首長墓として注目できる。いずれも、浅井軍の陣所設置のため、墳頂部が削平されている。

## 姉川合戦をめぐる史実と逸話

### 姉川合戦の研究史

姉川合戦は、元亀元年（一五七〇）六月二十八日、近江国浅井郡と坂田郡の郡界にあたる姉川で、浅井長政および朝倉義景が派遣した朝倉景健（義景の甥）の連合軍と、織田信長・徳川家康の連合軍が戦った合戦である。長篠合戦と共に信長・秀吉・家康の三人が揃って登場する数少ない合戦であるためか、数ある戦国合戦中においても、その知名度はすこぶる高い。しかし、合戦の具体相については研究が遅れており、陸軍参謀本部編纂の『日本戦史　姉川役』（明治三十四年出版）の水準を、現在に至ってもあまり脱していないというのが実情である。

すなわち、現在も繰り返し発表される姉川合戦に関する記述は、上記の『日本戦史　姉川の役』を基本にしたものである。そこでは、通説を無批判に掲載するのみで、史料の読み直しなどは、まったくなされてこなかったと言えるだろう。ここでは、姉川合戦の基本史料を紹介する中で、その内容を再検討し、江戸時代以来つくられてきた姉川合戦をめぐる虚構を明らかにしたい。

私は、前項から述べているように『日本戦史　姉川役』が記すほど、姉川合戦は大規模合戦ではなかったと考えている。浅井長政による織田信長軍への奇襲攻撃と、その失敗が実像と思う。いわば小規模合戦論であるが、史料の読み直しと合戦遺跡の分布から導き出したその結論への論証は、前項を参照願いたい。本項では、小規模合戦論に触れつつも、これまでの姉川合戦論の虚構を暴くことに重点を置きたい。その虚構とは、端的に言えば家康中心史観と家康信仰である。その視点と思想から決別してこそ、姉川合戦を正しく見る道が開けるのである。

## 『甲陽軍鑑』にみる姉川合戦

『甲陽軍鑑』は、甲斐国の戦国大名武田信玄・勝頼二代にわたる治世や軍事について記された軍書である。武田氏の老臣高坂弾正昌信が残した記録を基に、春日惣二郎・小幡下野らが書き継ぎ、小幡景憲が集大成したものと言われる。江戸初期を代表する軍書として名高いが、その最終的な成立は徳川幕府が確立した後で、全体に徳川家康に好意的な記述が多い。姉川合戦についてもその特徴が当てはまり、巻第十一之下（品第三十七）には次のような合戦評が載せられている。

去る六月廿八日に、江州あね川合戦にも、信長三万五千の人数、敵の浅井備前守三千にきりたてられ、十五町ほど逃たるに、家康は五千の三河勢をもつて、浅井備前が同勢壱万五千の越前朝倉義景を斬り崩し候故、備前もくづれ候時、信長たてなをし、勝利を得たるは、悉く皆徳川家康がわざなり、縦い信長・家康両人同前の働也といふ共、信長は三万五千ノ人数、敵の浅井は三千なれば、つよきよはきを沙汰するに、信長衆十一人して、敵浅井衆一人をせむる、家康は五千也、敵の朝倉義景は一万五千也、家康被官一人にて、越前衆三人あてがひにして、しかも勝利をうる、信長は十一人にて敵一人に、十町あまりをはれ候、家康なくてはたてなをす事ならずして、姉川合戦、信長負なるべき、と美濃・近江の侍ども、書付て越し候、

この記述にあるように、姉川合戦は徳川家康がいなかったら、勝利できなかったこと、敵一人に十一人で当たって勝利できなかった信長軍のふがいなさと、敵三人に一人で当たって勝利した

家康軍の有能さを強調している。ここには、江戸幕府成立を受けた、家康中心史観や家康信仰が、合戦評価の中に入っていると考えられる。

また、徳川家康以来の将軍の事跡をまとめた『徳川実紀』においても、家康中心史観・家康信仰は如実に現れる。同書中の『東照宮御実紀附録』では、姉川合戦での家康と信長の会話として、次のような話を紹介する。

## 『徳川実紀』にみる家康発言

家康は姉川合戦に、五千の兵を率いて駆けつけたが、信長は家康に対して、諸方の備えは終ったので、戦力が不足していると思われる所を援軍してくれと言った。これに対し家康は、はるばる援軍に来たが、堂々とした合戦ができないのなら、家名に傷がつくし、それならば本国に引き返すと答えた。これを聞いた信長は、それでは信長軍は浅井軍と戦うので、家康は朝倉軍にあたってもらいたいと説いた。ただ、朝倉軍は大軍なので、信長の部下から適当なる者を附属しようと付け加えた。

家康は、もともと小国なので小勢の使い方は慣れている。必ず小勢で朝倉の大軍を討ち破ってみせると答えた。しかし、信長は朝倉の大軍を家康軍のみで押えたとあっては、信長が天下の物笑いなる。是非、信長の部下を引き連れて行なって欲しいと迫った。家康はその説得に応じ稲葉一鉄の加勢を望み、信長もこれを了承した。翌日、合戦が始まると徳川軍は単独で朝倉軍を切り崩したので、稲葉は何もせずに済んでしまった。信長軍は逆に浅井軍に対して敗色が濃かったが、家康軍が朝倉軍を追った余勢をかって、横合いから浅井軍に攻め入ったので、織田軍も勝利を得た。戦い終わって、信長は家康の武勇を褒(ほ)め、備前長光の刀を与えたと記す。

後述する細川藤孝宛の織田信長書状（津田文書）の追而書(おってがき)によれば、信長が家康に加勢として加えたのは、池田恒興と丹羽長秀であった。したがって、西美濃衆の稲葉一鉄を家康軍に附属させたという、先の逸話はまったく誤りである。こういった誤りを載せる『徳川実紀』は、そもそも史料としての信憑性を欠くが、何よりも江戸幕府が編纂した同書は、家康中心史観・家康信仰の如実な影響を受けているのは当然であろう。先の『甲陽軍鑑』同様に、徳川家康がいなければ、織田信長の勝利はなかったというストーリーが強調されている。

## 浅井方の古文書・記録

浅井軍の視点で、姉川合戦を見るには、残された史料は少ない。まず、浅井長政が家臣たちに送った、いくつかの感状を紹介しよう。元亀元年（一五七〇）八月五日付けの渡辺周防守任(たもつ)宛ての浅井長政書状（【19】南部文書）では、去る六月二十八日に「辰鼻表(たつがはなおもて)に於(お)いての合戦」で、渡辺家が奮戦したことを賞し、さらに忠節を励むよう述べている。詳しくは阿閉貞大(さだひろ)に伝えたと結んでいる。渡辺氏は浅井郡速水高田村の地侍であった。また、八月五日付けの小之江(おのえ)彦六郎宛ての浅井長政書状（【20】小江神社文書）でも、同じく「辰鼻表に於いての合戦」での奮戦を賞しており、渡辺宛と同じく取次として阿閉貞大の名前も見えている。小之江氏は、浅井郡尾上村（長浜市湖北町尾上）の地侍であった。

二通の文書に取次役として登場した阿閉貞大の一族と見られる阿閉甲斐守は、翌年五月五日に浅井長政からの書状（【21】長浜市長浜城歴史博物館蔵）を受け、「辰鼻表に於いての合戦」で子息の五郎右衛門をはじめ数人が討死するなどの忠節を賞せられ、跡目の取立てを行なうよう伝えられている。ここでの取次は北庄又右衛門であった。ここで、重要なことは、浅井氏長政が姉川合戦を、「辰鼻表」の合戦と言っていることである。「辰鼻」とは、古戦場の南東にあり、南から延びた横山丘陵が姉川に向かって突出した部分に当たる（122頁参照）。横山城がある同丘陵は臥龍山と呼ばれ、龍が臥した状態に例えられるが、龍の頭が姉川の水を飲もうと首を伸ばした場所が「辰鼻」である。

一方、浅井家中では姉川合戦のことを、「野村合戦」とも呼んでいた。佐和山城主で浅井長政の重臣であった磯野員昌が、合戦直後の七月十日に出した島新右衛門尉秀淳への感状（【22】『嶋記録』所収文書）では、島が「野村河原合戦」で負傷した恩賞として、法勝寺十五条公文名五十石などを与えることを述べている。他方、九月五日に磯野員昌が雨森菅六宛てに出した感状（【23】松江「雨森文書」）では、兄次右衛門の討死を悼むが、その討死は「野村表に於いて」の出来事としている。同書ではあわせて、藤六自身の負傷をねぎらい、兄の跡職相続についても指示を与えている。

浅井長政の家臣であった嶋秀安が記したとされる『嶋記録』には、姉川合戦の戦死者十五人、負傷者十人のリストが載る。そのリストの冒頭には、「元亀元年六月二十八日、野村に於いて合戦討死上下合わせて三拾人、内侍分書き付け申し候、此の外又若党・定使・中間等之を略す」とある。実際の戦死者は三十人であったが、ここには侍分（有姓の侍身分の者）の十五人のみ名前を記し、足軽クラスの者は名前を略すとの意味である。ここでも、姉川合戦を「野村合戦」と表現していることが分かるだろう。

## 姉川合戦の呼称

一方、『武家事紀』によれば、朝倉家では姉川合戦を「三田村合戦」と呼んだという。浅井氏は野村に陣を置き、朝倉氏は三田村に陣を置いた事実を考えれば、それぞれの家中において、これらの呼称は至極当然の呼び名と言えよう。合戦に参加した家では、この合戦をきわめて主観的な呼称で呼んでいたことになる。なお、織田家に関しては、残念ながらこの合戦をどう呼んでいたかは明確にし得ない。では、この元亀元年（一五七〇）六月二十八日の合戦を「姉川合戦」と呼ぶのは、どうしてであろうか。実は、ここにも徳川家康中心史観が隠れているのである。「姉川合戦」の呼称は、徳川の家中で言われた合戦名であった。

徳川家康が同年八月十三日に、家臣の中安満千世に宛てて出した感状（諸家感状録）は、父兵部少輔の討死を悼んだものだが、そこでは姉川合戦を「江州合戦」と記している。これは、合戦直後の家康による姉川合戦の呼び方であるが、戦国の時代も深まり「賤ヶ岳合戦」や「関ヶ原合戦」における佐和山城攻撃など、近江やその近隣を舞台にする合戦が多くなると、徳川家中でも「江州合戦」では何の戦いを指すか分らなくなる。そこで、元亀元年六月二十八日の合戦につけられたのが、「姉川合戦」の名である。

徳川幕府が編纂した大名・旗本の系譜集である『寛永諸家系図伝』や『寛政重修諸家譜』には、大名・旗本の先祖たちの戦功を多く記す。そこでは、この合戦を「姉川合戦」または「江州姉川合戦」と表記した例が目立つ。たとえば、後述する青木一重の項には、「元亀元年（中略）六月　姉川合戦」とあり、竹中半兵衛の弟・久作（重矩(しげのり)）の項には、「江州姉川合戦」とある。その他、「姉川の役」との表現も見える。このように、この合戦を「姉川合戦」や「姉川の役」と呼ぶのは徳川家中が最初であり、江戸時代を通じてこの呼び名が、「辰鼻表合戦」・「野村合戦」・「三田村合戦」など浅井・朝倉側の呼び名を淘汰していったのである。すなわち、現在「姉川合戦」と表現すること自体が、徳川家康中心史観の産物と言える訳である。

## 信長書状にみる姉川合戦

この合戦を信長自身が語った貴重な文書が残る。合戦の当日、将軍足利義昭の側近・細川藤孝に宛てた手紙（津田文書）である。これは、書き下しで紹介してみよう。

今日巳の時（午前十時ごろ）、越前の者并に浅井備前守（長政）、横山後詰として、野村と申す所まで執り出で、両所備え人数候、越前の者壱万五千計、浅井の者五六千も之有るべく候か、同刻此の方より切り懸かり、両口一統ニ合戦を遂げ、大利を得候、首の事更に校量を知らず候間、注に及ばず候、野も田畠も死骸計りに候、誠に天下の為大慶之に過ぎず候、

信長の言は、きわめて簡潔だ。織田軍が包囲している横山城の「後詰」として、浅井・朝倉軍が出陣したこと、浅井・朝倉両口へ信長軍から合戦を仕掛け、大勝したことが知られる。さらに、追而書には以下の通り記されている。

今度岡崎家康出陣、我等手廻の者一番合戦の儀、之を論じるの間、家康申し付けられ候、池田勝三郎（恒興）、丹羽五郎左衛門（長秀）相加え、越前衆ニ懸り候て切り崩し候、浅井衆ニハ手廻りの者共ニ其の外相い加え、相果たし候、

ここでは、今回の合戦で徳川家康が出陣してきた所、信長の「手廻之者共」つまり馬廻りたちと先陣について言い争いになった。結局、家康には池田恒興と丹羽長秀を付けて、越前朝倉の軍に当たらせ、浅井軍には信長の馬廻りのみで戦ったと記されているである。先に記したように、家康軍に稲葉一鉄が加勢したのは誤りで、信長自身が語るよう、実際は信長の有力武将である池田と丹羽が加勢にまわった。さらに、信長が馬廻りのみ戦ったというのは、この合戦の実像を語っ

ている。浅井軍が信長本陣へ奇襲を行なった合戦であったことを証明する部分である。ともかく、信長自身は家康のお陰で姉川合戦に勝利したとは、一言も述べていないことを確認しておこう。

## 『信長公記』に見る姉川合戦

信長の伝記としては、もっとも信憑性が高いとされる太田牛一の著『信長公記』は、姉川合戦の記事についても諸書の中では、一番網羅的で記述の信用度も高い。そこでは、信長書状同様に、信長軍から見た浅井・朝倉軍の状況が描かれる。小谷城の東にあたる大依山に集結した朝倉軍は八千人ばかり、浅井軍は五千人ばかり、合計一万三千の人数であったと記す。ちなみに、合戦における両軍の人数は、諸書によって異なり一定しない。これは、参加した各隊によって、実情の把握がまちまちであったことを示している。

六月二十七日の明方、両軍は小谷へ退却すると信長軍は考えていたが、二十八日には三十町（約三キロ）ほど前進して、姉川を前にして野村と三田村の両郷に陣を構えた。合戦の状況については、原文を引用しよう。

西ハ三田村口一番合戦家康卿むかわせられ、東ハ野村の郷備の手へ信長御馬廻り、又東は美濃三人衆氏家（卜全）、伊賀（安藤守就）、稲葉（一鉄）諸手一度ニ切かかり、六月二十八日卯の刻（午前六時ごろ）、丑寅（東北）へ向かって御一戦を蒙られ、御敵あね川を越え、信長の御手前へさし懸かり、

> 推しつ返しつ散々に入り乱れ、黒煙を立て、しのきをけつり、鍔をわり、爰かしこにて思々の働有り、終に追い崩し、手前ニおゐて討ち捕る頸の注文、（十五名の討死者の人名略）此の外宗徒の者千百余討ち捕る、

三田村の朝倉軍に家康軍、野村の浅井軍に信長軍が攻撃をしかけ、後者には西美濃三人衆が加勢した状況が記されている。先に信長書状にあった、家康軍への信長家臣の加勢については言及していない。しかし、信長軍が馬廻りで戦ったこと、敵が姉川を越え「信長の御手前」にさしかかったという記述が目にとまる。信長本陣は非常に手薄で、その間隙を縫った長政の奇襲作戦が、姉川合戦の実像であったことを、この文章は示している。

それはともかく、ここでも家康の活躍はまったく触れられていない。信長の伝記という性格を勘案しても、『甲陽軍鑑』や『徳川実紀』が記すように家康の軍功が大きいのなら、その旨記述があってしかるべきであろう。『信長公記』が「家康卿」とまで敬称を使いながら、その軍功を称えないのは、もともと家康の活躍はなかったからなのである。

『信長公記』の引用から省略した十五名の大将クラスの討死者は、朝倉軍が真柄十郎左衛門以下六名、浅井軍が遠藤喜右衛門尉の他九名であった。この内、真柄十郎左衛門には注がほどこされ、青木一重が討ち取ったとある。『寛政重修諸家譜』の青木一重の項によれば、一重が討ち取ったのは真柄十郎左衛門直隆の子息・十郎であったとする。真柄十郎左衛門本人は、同書によれば匂

坂（向坂）六郎五郎吉政によって討たれたと記されている。また、遠藤喜右衛門尉は竹中久作重矩が討ったと記されている。これは、『寛永諸家系図伝』の竹中家の記述にも記されているし、『浅井三代記』など多くの軍記物に見えている話である。このように、信長の伝記である『信長公記』の記述が、家康（徳川）系の記録と一致する事実は、その信憑性を保証するものと言えよう。

## 『当代記』に見える姉川合戦

『当代記』という書物がある。戦国時代から江戸初期にかけての政治や社会の状況を編年で綴ったものである。九巻からなり、天文年間（一五三二～五五）に筆を起こし、将軍家・諸大名の動向を中心に記述するが、三巻以降の慶長年間（一五九六～一六一五）から記述が詳しくなり、特に四巻以降の家康大御所時代の記録が厚い。筆者は家康の外孫で姫路城主であった松平忠明との説もあるが詳細は不明と言われる。ただ、江戸幕府の内情に詳しいため、幕府当局者から情報を仕入れることが出来る立場の者が、手許の史料を整理して、江戸初期に編纂したものと考えられている。このような徳川幕府と近い執筆者によると思われる本書だが、その記述は冷静沈着である。

信長横山城を取り巻かれ、越前ヨリ浅井加勢の為、朝倉孫三郎（義景甥、又聟也）大将と為て、一万ノ人数指し立つル、浅井父子同六月廿六日、大依山ニ陣取り、信長龍鼻ニ陣取り給う、其の間五十町なり、家康信長の仰せに依り出馬シ給う、廿四日ニ彼所ニ著き給う、信長快悦斜めならず、廿七日、北敵野村、三田村へ移、終夜相催す、未明ニ打ち出で、姉川に於いて合戦に及び、初め合戦信長、家康の方押し立てられ、左は家康旗本より押し直すの間、越前衆敗北、右は信長幡本（はたもと）へ相い合わすベキトコロニ、稲葉伊代守（一鉄）ヨコ槍に懸、浅井敗北、敵数多討ち捕られ、茲（ここ）に越前の侍ニ真柄十郎左衛門ト云う者大力鋼者、大太刀ヲ以て無類ニ働、家康家中匂坂式部并びに息六郎五郎（吉政）之を得る、

ここでは、信長・家康両軍とも浅井・朝倉軍に押したてられたが、家康軍は旗本によって押し返し、信長軍が西美濃の稲葉一鉄の横槍によって勢力を盛り返したとある。『甲陽軍鑑』・『東照宮御実紀附録』、それに『当代記』の成立年代は、大きな差はないと思われるが、『当代記』の記述は幕府周辺によって編纂されていながら、家康中心史観や家康信仰に影響されていない。織田・徳川両軍が当初、浅井・朝倉軍によって押し込まれたことは、諸書が一致しており事実であろう。そこに、家康軍の活躍があって勢力を盛り返したというのは、家康中心史観による記述の書き換えがなされたと考えざるを得ない。この『当代記』の記事は、家康偏重は見られず、合戦の真実に近いのではないだろうか。なお、同書は真柄十郎左衛門を匂坂吉政が討ち取った話も載せている。

## 家康中心史観との決別

姉川合戦は信長の天下統一戦の一過程であり、その後三年間も戦い続ける浅井・朝倉軍に致命的な打撃を与えたものではないにもかかわ

らず、これだけ有名であるのは、明らかに徳川家康が出陣した合戦だからである。徳川幕府が支配した江戸時代においては、権現様（家康）が登場する合戦は、軍学の講義の中でも持てはやはされ、武家家中の話題になりやすかった。その中で、家康中心史観や家康信仰が育まれ、史実とは相違する合戦譚が成長していったと考えられる。

我々は江戸時代を通してみた合戦観から、早く脱却する必要がある。そこには、家康中心史観やその信仰だけでなく、儒教思想という視点が入っている場合もある。関ヶ原合戦を、石田三成の豊臣家への忠義のための戦いとする見方は、後者の典型と言えるだろう。姉川合戦に限らないが、戦国史を振り返る時、我々は一切の江戸時代の曇りを払拭し、なるべく信頼できる史料を用いて、その実像を見直す必要に迫られている。

## 地形・絵図類から探る姉川合戦

もう一つ、姉川古戦場を現地に即して考えた場合、注目したいのは地籍図等から判明する古戦場の地形である。尾張徳川家の旧蔵書を収

### 蓬左文庫の姉川合戦図

めた蓬左文庫には、四枚の姉川古戦場を描いた絵図が伝来している。いずれも、北は小谷山、西は長浜の町、東は伊吹山、南は長浜から北国脇往還の春照までをつなぐ長浜街道をまでを構図

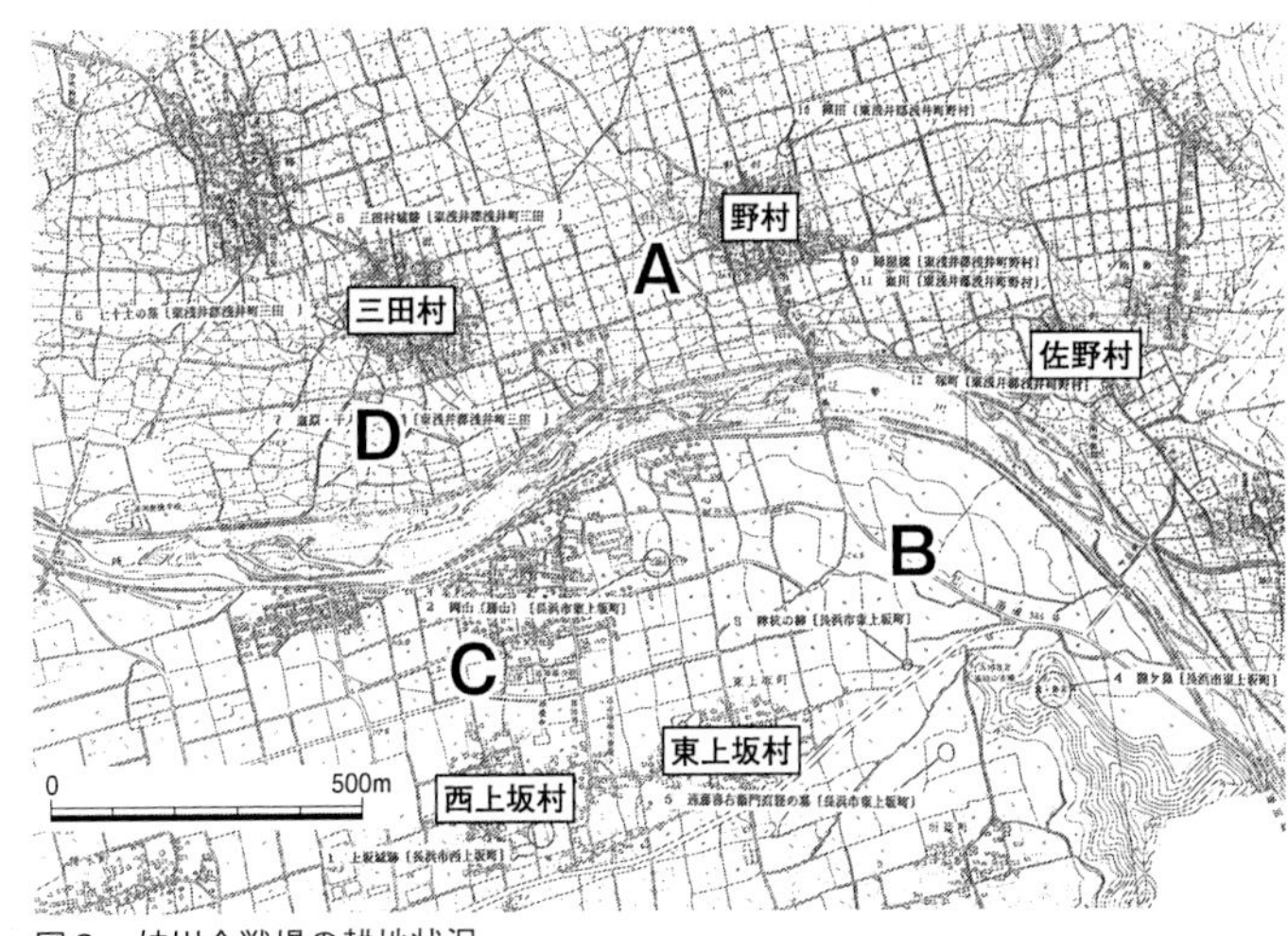


図８　姉川合戦場の耕地状況

に入れ、姉川・草野川・田川・高時川の流路、姉川から南に伸びる横山丘陵、七尾山から草野山を経て小谷山までつながる山並を、南から北・西に向かってL字型に描いている。そこに記された多くの墨書は、当時の尾張藩士によって、現地調査の上に記されたものと判断される。

そのうち、彩色が豊かな一枚（191頁参照）には、野村の東隣の村に当たる佐野村の北に「三田村・野村・佐野村ノ辺合戦何レモ田ニ足不入」とある記事が興味深い。これは、姉川の北岸、三田村の東部・野村・佐野村付近は整った田地が存在し、足がとられるので田に入ることができず、合戦場とはならなかったということである。

事実、明治初年の地籍図等を見ると、三田村の東部・野村の南部の田地（図８のＡ区）は、方形をした条里制の坪単位の田地が広がり、人馬が駆け抜ける状況ではなかったと見られる。蓬左文庫の絵図を見ると、三田村の東から野村の南（A区）にかけては、姉川に沿って小山が描かれ崖のようになり、川幅が北には広がらなかったことが分かる。同絵図にも「姉川ノ広サ二町余（あまり）、但シ昔ハ龍鼻之山岸ヨリ野村ノ高岸迄此間（までこの）皆河原也（なり）、今ハ川ヨケヲ仕ルニ付テ、川ノ流レ如此（かくのごとく）北ヘヨリ」とある。

つまり、三田村の東から野村の南にかけての姉川北岸は「高岸」と呼ばれ、その南から龍ヶ鼻までの間に、二町余の河原（B区）があったこと。そして、この部分は、江戸時代の段階でも、川筋（実際に水が流れる流路）が姉川合戦時よりも北に寄っていると指摘しているのである。

三田村の東、野村の南の姉川の対岸・南側は、東上坂村の東部（B区）となるが、同村の明治初年の地籍図を見ると、不規則に変形した耕地が乱れて存在しており、かつては姉川の流路であったことが知られる。しかし、東上坂村の西部（C区）は逆に条里制田が川の側まで迫っていた。一方、その北岸の三田村の西部（D区）の河岸の田地に、多くの耕地の乱れが見られ、姉川の旧流路であったことが知られる。

## 姉川の地形

要するに、古戦場付近の姉川は、現在もS字を時計回りに九〇度倒したような曲線を描いており、S字の窪んだ部分（B区とD区）については、合戦当時は河原だったと考えられるのである。江戸時代の「川ヨケ」＝「川除」＝堤防工事の結果、現在のS字

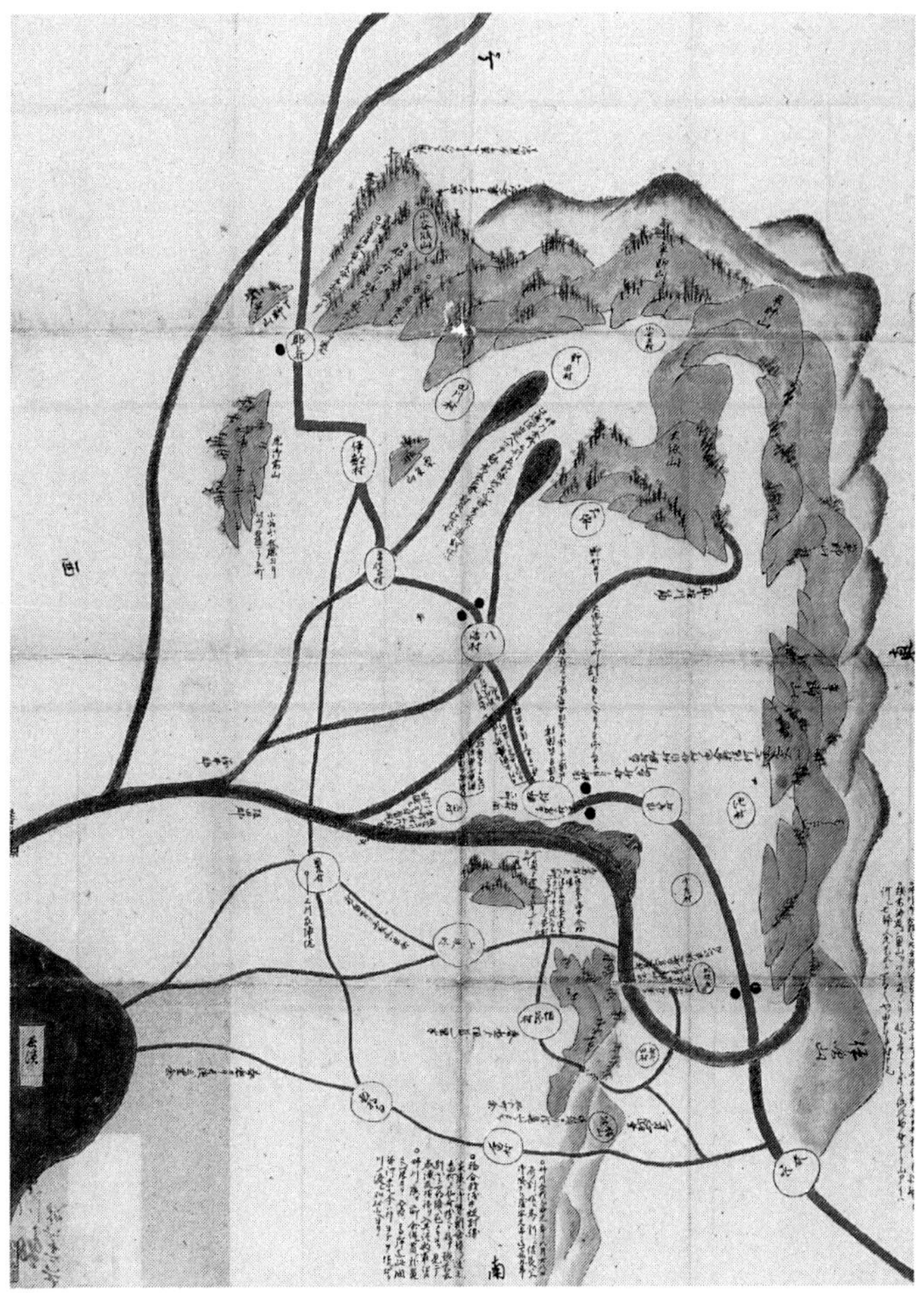

姉川合戦図（名古屋市蓬左文庫蔵）

に近い流路に川筋が固定されたが、戦国時代には姉川の流路は広く、そこを数本の河床が低い川筋が流れ、その数本の流路を総称して姉川と呼んでいたと考えていいだろう。現在のように河床が低い一筋の流路がS字にうねる形状は、江戸時代以降に現出したものと理解できるのである。

蓬左文庫の絵図のうち、現在の長浜市田根地域の付近に「姉川合戦ニ三州衆討勝、此所迄越前衆ヲ追討ニ仕ル、此辺深田足入ニテ、越前衆大勢討死仕ル由」とある。この記事では、田根付近の深田に多くの朝倉勢が足をとられ、討死したことが述べられている。このように、戦国時代は現在よりも田地は湿田が多かったことが想定され、そこは人馬の足がとられ戦場にはならないのである。そもそも、戦国合戦全体を改めて見直した場合、田地で合戦をするという事例はなかったと考えられる。合戦の場所は、川中島をはじめとする河原、関ケ原合戦・桶狭間合戦などのような高原というのが一般的である。田地中で合戦を行なった場合でも、畔以外は戦場となり得ない。

改めて、姉川合戦場を見ると、三田村の東から野村の姉川北岸(A区)、東上坂西部の姉川南岸(C区)は条里制田が広がり、とても人馬が動ける状況ではなかった。東上坂の東部の姉川南岸(B区)、三田村の南部の姉川北岸(D区)が河原で、主な戦場であったと推定できる。さらに、姉川合戦の起きた季節にも注目する必要がある。姉川合戦の日である六月二十八日は、もちろん太陰暦で、現在の太陽暦に直せば八月の中旬になる。

この時期の姉川は「瀬切れ」と呼ばれる状態で、夏の渇水により水無し川になっていた可能性が高い。とすれば、河原は川筋もなく原野状態になっていたのである。水もなく、障害物もない河原ほど、合戦場として適した場所はない。姉川古戦場に点在する史跡を見ても、東上坂の東部(B区)には遠藤直経の墓があり、三田村の南部(D区)には血原・千人斬りの岡という戦闘地の伝承があり、いずれも河原やそれに接した部分である。条里制田だった部分(A区・C区)には、戦闘地であることを伝える話が残っていない。

**戦闘地に面した信長・家康本陣**

この姉川の戦国時代の状況を知った上で、信長の最初の本陣の位置を、改めて確かめると、東上坂村東部(B区)で姉川の河原であった部分のすぐ南に位置し、本陣の前は決戦地の河原で、信長の馬廻り以外の武将が並ぶ余地がないことが分かる。戦闘があった場所に直面して信長本陣が存在した事実は、先に示した信長周辺には馬廻りしかいない状況で、浅井軍の「奇襲」を受けたという理解と地形が物語る事実が合致することになる。

これに対して、朝倉景健が陣を置いた三田村の集落の南から西(D区)にかけては、形が乱れた田地が多く、姉川の河原であったことが分かる。ここには、血原・千人斬りの岡という戦闘地があり、朝倉景健軍と徳川家康軍の戦いは、現在の姉川の北岸で展開したことが分かる。ここでも、姉川南岸の家康本陣の岡山（勝山）から、合戦場である血原・千人斬りの丘までの距離はなく、家康の本陣の前に武将が配置されていた可能性は極めて低いと言えよう。家康は、信長同様に信長軍の援助をあまり借りず、三河から引き連れてきた少ない自軍のみで合戦に臨まざるを得なかったことが、地形からもうかがえる。

このように、確実な文献、さらに古戦場の地形から判断した姉川合戦は、浅井勢の信長本陣への「奇襲」が真相であったと考えざるを得ないのである。徳川時代に出来上がった家康信仰から来る、両軍の全面衝突、家康軍の奮闘による織田・徳川軍の勝利、そういった誇大で一方的な姉川合戦の評価は、確実な史料を顧みず、現地の地形をも無視する、多くの軍記作家によって作り出された小説に過ぎない。我々は、合戦研究において、こういった江戸時代の呪縛（じゅばく）から早く解き放たれ、現実に却って姉川合戦を考え直すべきである。その意味では、姉川合戦に関して現在まで繰り返される通俗的な多くの記述は、明治維新という変革を避けているとしか思えない。

## 姉川合戦図屏風の見所

### 屏風絵の見所

福井県立歴史博物館に、六曲一隻の姉川合戦図屏風が所蔵されている。その特徴は、姉川合戦を主題にしながら、浅井長政軍と織田信長軍との戦場を描かず、

姉川合戦図屏風より（福井県立歴史博物館蔵）

徳川家康本陣

姉川と両軍の戦い

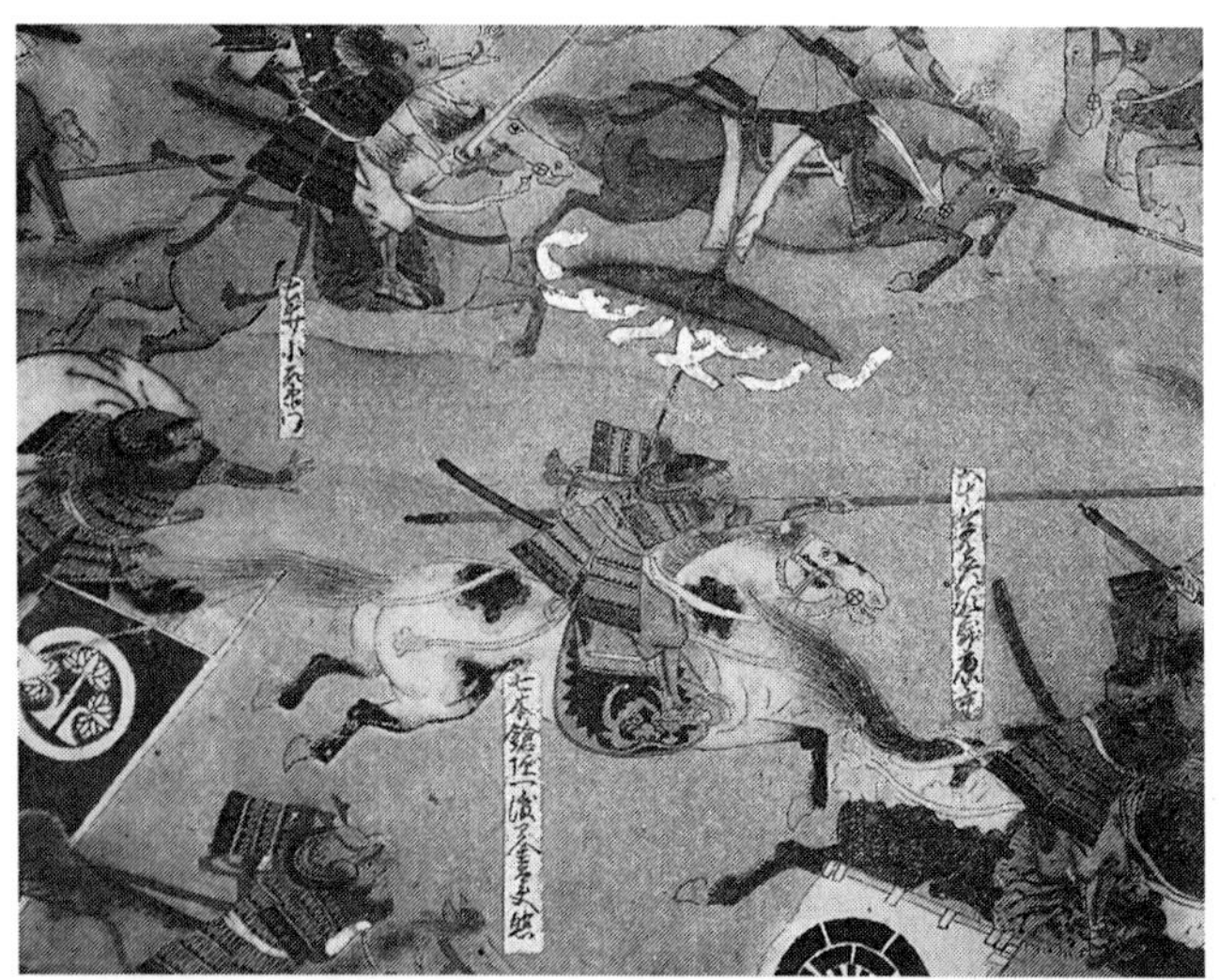

姉川七本槍随一　渡辺（部）金太夫

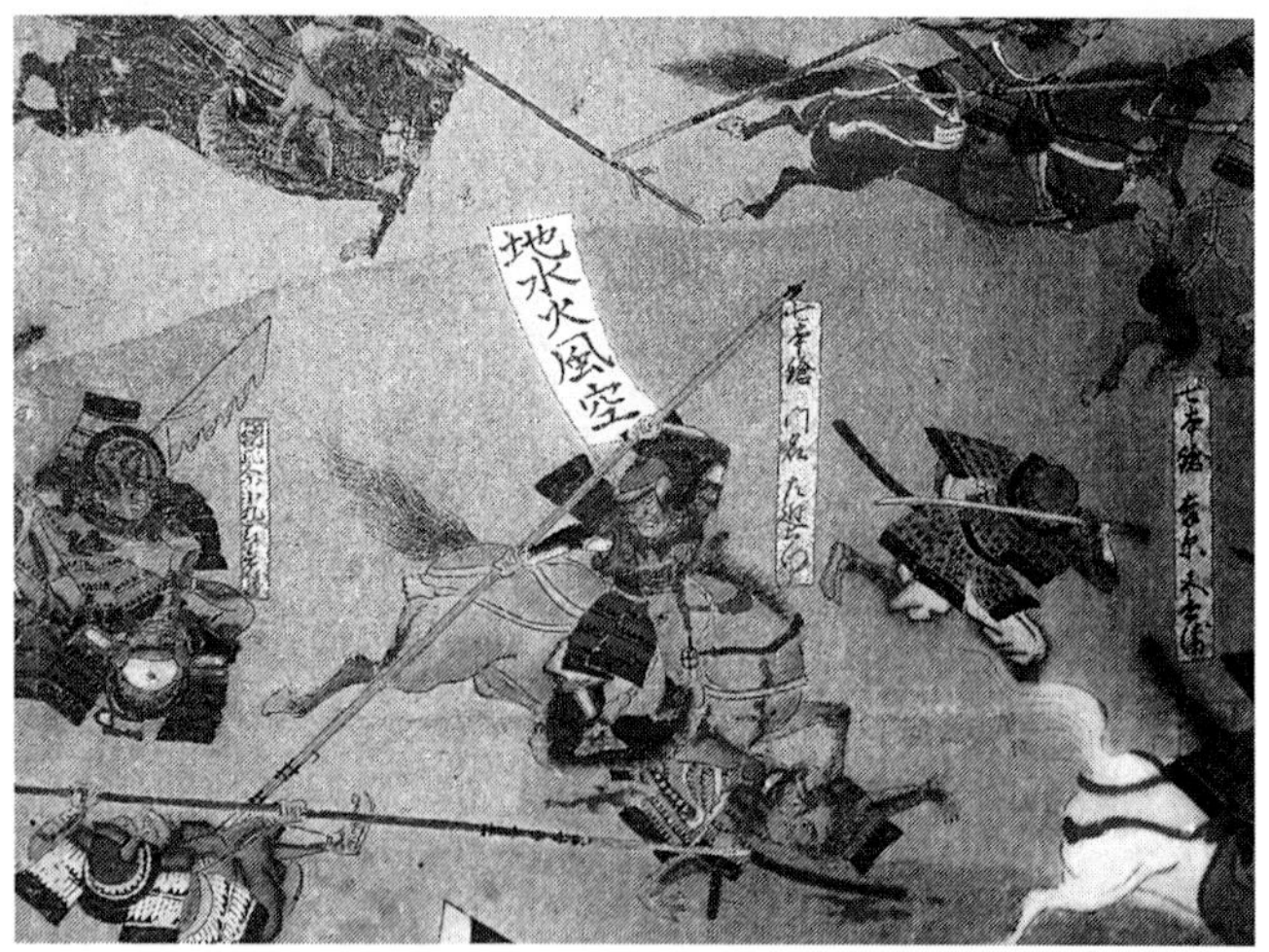


姉川七本槍　門奈（名）左近右衛門

朝倉義景が派遣した朝倉景健（かげたけ）軍と徳川家康の合戦場しか描かないことである。さらに、朝倉・徳川両軍の中でも、異常に徳川軍を誇張した表現が目立つ。姉川の水流は向かって右上の一扇目から二扇目の上部にわずかに見られるのみで、姉川北岸の朝倉軍の布陣はまったく描かれず、画面の大部分は、朝倉軍を迎え撃つ南岸の徳川軍の奮闘で覆い尽くされている。その中には、石川数正・榊原康政・酒井忠次・成瀬正吉など、家康家臣として名が知れた武将も多い。

画面に描かれた八十五将の内、実に六十八将が徳川軍の武将なのである。さらに、「厭離穢土（おんりえど）」・「欣求浄土（ごんぐじょうど）」の幟（のぼり）と、金扇の馬印がたなびく家康本陣は、六扇目の中央を占め、ひときわ目をひく。右手に采配を持ち、鍬形（くわがた）の前立（まえだて）を挿（さ）した兜（かぶと）をかぶり、床几（しょうぎ）に腰掛けた家康も実に威厳がある。以上の内容から、本図が徳川家康、及びその軍勢の顕彰を目的に作成されたことは明らかである。

朝倉軍の武将では、一扇目から五扇目までの上部に、前波新八郎など十人程が点在する他は、二扇目と三扇目の中央やや下で、馬上で大太刀を振り上げる真柄十郎左衛門直隆、一扇目の右端で「三社託宣」の旗のもとを進む龍門寺兵庫介、家康の本陣近くまで迫った魚住景行・小林端周軒が目立つのみである。これらは、『信長公記』にある討ち取られた朝倉方武将と名前が一致し、あるいは同書を参考にしているのかもしれない。

## 『四戦紀聞』と屏風絵

徳川方の武将が多いというと想起されるのは、高橋修氏の次の指摘である。本図が宝永二年（一七〇五）に幕臣の根岸直利が、徳川家康の顕彰を目的に編纂した『四戦紀聞』の内容を絵画表現した可能性が高いと考えられるという。その最たる部分は、いわゆる「姉川七本槍」の活躍で、この記述は『四戦紀聞』と本図にしかない。以下に、『四戦紀聞』の該当部分を引用する（「カタカナ」を「ひらがな」に直すなど、文章を読みやすく改めた）。

小笠原長忠が手より、伊達与兵衛定鎮（1）、吉原又兵衛（2）、林平六（3）、中山是非之助（4）、伏木久内（5）、群に抽（ぬき）んで先登し、畠の中を往き、堤の下に於て各槍を合す、門奈左近右衛門俊政（6）・渡辺金太夫照（7）は、堤の上を往き槍を合す、然るに門奈は猿の皮ノ投頭巾（なげずきん）を頭形（ずなり）ノ兜にかけて着し、地水火風空の前立物（まえだてもの）顕然として指物（さしもの）をば指さず、渡辺八朱の雨笠に金の短冊十八枚付たる大指物を指す故に、川向より信長遙（はる）かに見玉（たま）ひ、感悦斜めならず、戦畢（おわ）って七人共に感状を賜（たま）わり大いに賞せらる、殊（こと）に渡辺には日本第一の槍と云（いう）文字を加えて帯し玉う所の貞宗の脇指を与えらる、

小笠原長忠は遠江国高天神城（たかてんじんじょう）（静岡県掛川市）の城主で、姉川合戦では徳川軍の第一陣である酒井忠次に次ぐ、第二陣を担当していた。ここで活躍したと記された七人は、「小笠原忠長の手」とあるようにその配下の者であった。本図に登場する大将クラスの武士は、金の短冊状の貼紙に

名前を墨書されているが、彼ら七人については名前の前に「七本槍」と記され、明らかに『四戦紀聞』を意識して記述されている。さらに、屏風絵二扇目上部に描かれ、馬上で槍を使う門奈左近右衛門は「地水火空風」の指物を指し、三扇目の上部を走り抜ける渡辺金太夫は、朱の雨笠に金の短冊がついた大指物を背に指しており、『四戦紀聞』の内容をほぼ忠実に表現した内容となっている。

## 主題と施主

合戦図にはその屏風絵の施主が求めた主題があると見られる。本図は江戸時代になってから、明らかに徳川家康や徳川軍の顕彰を目的として描かれたものである。小笠原長忠や「姉川七本槍」の末裔などが、施主として最も有力候補だと見られる。この点、世に有名な長篠合戦図屏風や関ヶ原合戦図屏風、それに大坂夏の陣図屏風なども、その制作目的をしっかり探究し、屏風絵研究に生かす必要がある。屏風絵は分かりやすい史料だけに、そのままを史実と受け取りやすいが、後世の制作者の意図が如実に反映されており、その扱いには注意が必要なことが、この姉川合戦図屏風の考察からも明らかであろう。ただし、姉川合戦を描いた唯一の屏風絵として、その絵画的価値がすこぶる高いことは言うまでもない。

## おわりのはじまり~さらなる浅井氏研究へ~

時代考証スタッフを務めた二〇一一年NHK大河ドラマ「江~姫たちの戦国~」も、放映が終わろうとしている。ちょっと裏話をすれば、この本はその放映前に出版する予定だったが、大河ドラマ関連行事に忙殺されて、出版は十月まで延びてしまった。出版社には申し訳ないことをしたと思うが、この本は決して大河ドラマのためだけに書いた本ではない。大河ドラマの終わりに際し、浅井氏研究へ新たな問題提起をおこなった本だと思っている。そして、自分にとって新たなステップへの踏み切りにしたい本だと思っている。

戦国時代ほど、「逸話」が多い時代はない。そこに生きた武将や姫たちは実に個性的で、エネルギッシュである。また明日の命も定かでない中、真剣に生きるその人間像が魅力的だからだろう、平和な江戸時代になると、戦国の世を生きた武将や姫たちの様々な「逸話」が生まれた。しかし、それは事実無根なものも多く含まれている。江戸時代の人々が創造した、戦国武将や姫はかくあるべきという教訓めいたものが入りこんだ人物像であったりもする。しかし、江戸時代以降、それらは「戦国の常識」となって、多くの日本人に受け入れられていく。

浅井長政の妻・市が信長に、両端をくくった小豆袋を送った話。浅井氏の信長離反に際し、兄への情報を秘密裏に送る手段だったという。『朝倉家記』にしか記されないこの「逸話」は、今回の大河ドラマ「江～姫たちの戦国～」では、侍女が小豆袋を作るが、これを受け取った市が床に叩きつけて割ってしまうという設定だった。史実としては考えられない「逸話」だから、今回の脚本が小豆袋を送らない設定と分かった時、正直言ってホッとした。小豆袋を割るという形で、「逸話」をドラマ内で否定した点も、時代考証側にとっては非常にありがたかった。

織田信長が小谷落城した翌年の正月、浅井久政・長政親子・朝倉義景の頭蓋骨を薄濃(はくだみ)にして、酒を飲んだという話。実は、『信長公記』には薄濃にして折敷(おしき)にのせ、酒の「肴(さかな)」として皆の前に出したとのみしか書かれていない。出された頭蓋骨で酒を飲ませたという話は、これに尾鰭(おひれ)がついて後日出来上がったものでまったく根拠がない。今回のドラマでも、江がこの話を聞いて信長に事実を確かめると、「肴」として飾ったのみで「死者への敬意」を示したものと信長は答えた。盃代わりに使ったというのは事実無根と、信長はドラマの中でこの「逸話」を否定した。これも、時代考証側としては安堵したシーンだった。

戦国の「逸話」は、現代人にとっても道徳的に範とすべきことがあり、多くの人々に受け入れられる。その背景には、江戸時代の儒教思想が見え隠れするが、命をかけて戦った人々の行動や言葉は、「逸話」であっても何か我々に訴えかけるものがある。しかし、事実でない「物語」であるだけに、そこから多くの間違い・勘違いも生まれて来た。例えば、陸軍参謀本部による『日本戦史』は、この「逸話」を多く載せる軍記物を基に編纂された。この著作が、第二次世界大戦を戦った将校たちの教科書として使用されていたと考えるとゾッとする。間違いだらけの合戦史を基に戦略・戦術を編み出し、日本は第二次世界大戦を戦ったのだ。そのような戦い、はじめから勝てる見込みは全くなかったと言えよう。「逸話」・「物語」で構成される軍記物をテキストとした軍学が、実戦で役立つ訳がない。

数々の「戦国の常識」と戦いたい。それは、藤本正行氏の数々の業績に学んだことであり、今の私の思いでもある。それを、北近江・浅井氏についてもっと踏み込んで行なう。それが、私の人生の課題だと思っている。そのためには、戦国大名浅井氏についてもっと多方面から研究する必要がある。特に家臣団の構成と、彼らと村落・一向一揆との関係について、今後分析と研究を深めていきたい。戦国大名浅井氏のイメージを一新したい。「逸話」や「常識」から脱して、真の浅井氏の姿を描きたい。それが、私の挑もうとするテーマである。

めぐりあわせというものは不思議なもので、自分の本来のライフワークである浅井氏研究の著作よりも、江戸時代の技術官僚であった小堀遠州や、秀吉の側近・石田三成に関する著述の方が先に出てしまった。これから、徐々に浅井氏の研究に戻っていきたい。私の浅井氏研究の第一歩は、間違いなく明治大学で学んだ修士論文だが、第二歩は平成二十年に長浜市長浜城歴史博物館で行なった、特別展「戦国大名浅井氏と北近江」であろう。本書は、その第三歩に当たる。

本書では、これまで書いた浅井氏関連の文章の内、比較的読みやすく政治史・合戦史に関する文章を中心に、再構成して一冊にまとめた。多くは全体の統一を図るため、もとの文章に手を加えているので、初出論稿一覧は敢えて掲載しなかった。浅井氏の家臣団構成や村落支配、村落内の秩序に関する専門的論文は、後日、別の形でまとめ直し、世に出そうと考えている。その本は、私の浅井氏研究の集大成となろう。

この本を作るために、お世話になった多くの方々に感謝しつつ、明日からまた浅井氏研究にいそしみたい。

二〇一一年NHK特別展「江〜姫たちの戦国〜」展示作品返却を終える日の朝、自宅で

※「おわりのはじまり」は増補版に際しても初版のままを掲載した。この文章にある「専門的論文」の集成(論文集)は、現在準備中で、なるべく早く世に送り出したい。

# 浅井氏関係年表

| 和暦（西暦） | 長政の年齢 | 月日等 | 事項 |
|---|---|---|---|
| 嘉吉元（一四四一） | | 一二月二〇日 | 京極持清、家督を継ぐ。 |
| 文明元（一四六九） | | 五月七日 | 京極持清、近江一国守護職を与えられる。 |
| 文明二（一四七〇） | | 八月四日 | 京極持清、没。以後、京極高清と京極政経・材宗親子が北近江の統治権をめぐって戦う。 |
| 永正二（一五〇五） | | 冬 | 箕浦庄日光寺で、京極高清と京極材宗の講和が成立する。京極高清・上坂家信政権の安定。 |
| 大永元（一五二一） | | | 上坂家信、没。子の信光が相続する。 |
| 大永三（一五二三） | | | 大吉寺梅本坊の公事（京極高広と高慶の対立）が起きる。浅見貞則が北近江政治の実権を握る。 |
| 大永五（一五二五）頃 | | | 浅井亮政、京極高清・高広を、完成間もない小谷城へ迎える。 |
| 大永五（一五二五） | | 五～九月 | 六角氏、北近江に侵入する。京極親子・亮政、北近江を脱出する。 |
| 享禄元（一五二八） | | 八月 | 内保川原の合戦（京極高広と高慶の対決） |
| 享禄四（一五三一） | | 四月六日 | 箕浦川原の合戦（六角定頼勝利、浅井亮政敗北） |
| 天文二（一五三三） | | 正月 | 浅井亮政、今井秀信（秀俊）を神照寺で謀殺する。 |
| 天文三（一五三四） | | 八月二〇日 | 浅井亮政、京極親子を小谷城清水谷でもてなす。 |

| 年号 | 年齢 | 月 | 事項 |
| --- | --- | --- | --- |
| 天文四（一五三五） | | 正月～ | 多賀貞隆の乱、六角軍が「境目」に進出し合戦となる。 |
| 天文七（一五三八） | | 春 | 京極高清、没。 |
| 〃 | | 五～九月 | 六角軍が「境目」に進出、国友川原の合戦。小谷城下は焼かれ亮政も城を退去する。 |
| 天文一一（一五四二） | | 正月六日 | 浅井亮政、没。久政家督相続。 |
| 天文一四（一五四五） | 1 | | 浅井長政、誕生。 |
| 天文一六（一五四七） | 3 | | お市、誕生。 |
| 弘治二（一五五六）～弘治三（一五五七） | 12～13 | | 浅井軍、六角氏による伊勢遠征に従軍。 |
| 永禄二（一五五九） | 15 | 正月 | 浅井賢政（後の長政）が元服、六角氏家臣の平井定武女を妻として迎える。しかし、四月には離縁。 |
| 永禄三（一五六〇） | 16 | 八月中旬 | 浅井軍、愛知郡野良田（彦根市内）で六角氏と戦い勝利する。 |
| 〃 | 〃 | 一〇月 | 浅井賢政、家督相続（浅井久政引退）。 |
| 永禄四（一五六一） | 17 | 五月頃 | 浅井賢政、長政と改名する。同じ頃、織田信長の妹お市を妻として迎える（浅井・織田同盟の成立、但し永禄七年説・永禄一〇～一一年説などあり）。 |
| 永禄六（一五六三） | 19 | 一〇月 | 浅井長政、観音寺騒動による六角氏領国の混乱により、愛知川まで南下する。 |

| 年 | 年齢 | 月日 | 事項 |
|---|---|---|---|
| 永禄一一（一五六八） | 24 | 二月二七日 | 浅井長政、甲賀山中氏と同盟を結ぶ。 |
| 〃 | 〃 | 一二月一二日 | 浅井長政、高島朽木氏に所領保全を約す。 |
| 永禄一二（一五六九） | 25 | | この年、長政とお市の長女の茶々（淀殿）生まれる。 |
| 元亀元（一五七〇） | 26 | 四月下旬 | 浅井長政、織田信長の越前朝倉氏攻めに当たって、信長にそむく。 |
| 〃 | 〃 | 六月一九日 | 織田信長、北近江に侵攻する。堀・樋口氏、浅井氏にそむく。 |
| 〃 | 〃 | 六月二八日 | 姉川合戦。 |
| 〃 | 〃 | 九〜一二月 | 志賀の陣（浅井・朝倉氏、比叡山上まで南下し信長と戦う）。 |
| 〃 | 〃 | | この年、次女の初（常高院）生まれる。 |
| 元亀二（一五七一） | 27 | 二月二四日 | 佐和山城開城。 |
| 〃 | 〃 | 五月六日 | 木下秀吉らの軍、鎌刃城を救援し、浅井軍・一向一揆の軍を下坂の「さいかち浜」で殲滅させる。 |
| 〃 | 〃 | 八月 | 織田信長、小谷城を攻め、木之本・余呉を焼く。 |
| 元亀三（一五七二） | 28 | 正月二日 | 織田信長、姉川と朝妻の間の往還を封鎖する。 |
| 〃 | 〃 | 三月 | 織田信長、小谷城を攻め、木之本・余呉を焼く。 |
| 〃 | 〃 | 七月二三日 | 織田信長、越前国境から木之本を攻撃。翌日には草野谷・大吉寺・竹生島を攻撃する。 |
| 〃 | 〃 | 八月 | 織田信長、虎御前山に本陣を置く。 |

| | | | |
|---|---|---|---|
| 天正元（一五七三） | 29 | | この年、三女の江（崇源院）生まれる。 |
| 〃 | 〃 | 八月二〇日 | 朝倉義景（四一歳）、一乗谷から大野に逃れ自刃する（朝倉氏の滅亡）。 |
| 〃 | 〃 | 八月末 | 織田信長、小谷城に総攻撃をかける。 |
| 〃 | 〃 | 九月一日 | 前日の久政（四九歳）に続き、長政（二九歳）が小谷城で自刃する（浅井氏の滅亡）。 |
| 〃 | | 一〇月一七日 | 長政の嫡男万福丸、関ヶ原において磔殺される（一〇歳）。お市の方と三姉妹は、信長の弟信包（伊勢上野城主）に預けられる（三姉妹は浅井郡平塚実宰庵に匿われたという説もある）。 |
| 天正二（一五七四） | | | 浅井長政の遺領を与えられた羽柴秀吉、小谷城から今浜に城を移し、長浜城と命名する。 |
| 天正一〇（一五八二） | | 六月二日 | 織田信長、本能寺で明智光秀の謀反によって殺される（四九歳）。 |
| 〃 | | 六月二七日 | 柴田勝家、丹羽長秀、羽柴秀吉、池田恒興ら、清須城に会し、織田家の相続、遺領分配について相談する（清須会議）。その後、お市が柴田勝家と再婚する。 |
| 〃 | | | この年、お市の方と三姉妹、越前北庄城に入る。 |
| 天正一一（一五八三） | | 四月二一日 | 柴田勝家と羽柴秀吉、賤ヶ岳で戦い柴田軍敗走する。 |
| 〃 | | 四月二四日 | 北庄城落城し、柴田勝家とお市は自刃（勝家六二歳、お市三七歳）。その前に三姉妹は城外に逃れ、羽柴秀吉に保護される。 |

# 古文書釈文集

**【1】六角定頼書状写　朝倉勘ヶ由左衛門宛（30頁）**

去年江北之儀、教景（朝倉宗滴）就出陣属本意、尤以祝着候、為礼唯今差下浄光院候、永々在陣之儀辛労為悦候、仍而太刀一腰□進之、尚進藤新助可申候、恐々、

（大永六年）
七月十日　　定頼　判

（三段崎紀存）
朝倉勘ヶ由左衛門殿

【西尾市立図書館「古文状」所収文書】

**【2】永田高弘書状　朽木稙綱宛（46頁）**

小谷城没落之儀付、御状旨拝見申候、就其去十六日ニ至尊勝寺御陣替候、今明之間ニ城可被責候間、定而可有一途候哉、取乱他所より申候間、不能巨細候、恐々謹言、

（大永七年）
七月十八日　　永田備中守
高弘（花押）

（稙綱）
朽木殿
御返報

【朽木文書】

**【3】浅井長政書状　嶋秀安・秀宣宛（57・71頁）**

此表之儀、先日大かた申候、相届候哉、義景去晦日御着城、昨日ニ知善院尾筋被寄陣候、敵弥可取退様無之、信長滅亡眼前候、近日可及一戦調談半候、本意不可有程候、仍其表行延々仕立存知之外候、既北伊勢衆着陣之由候処、由断之為躰驚入候、幸之事候間、切々被相進一日も早々居益・柏原口ふかふかと手使候様、可有才覚事専一候、委曲脇左可申候、恐々謹言、

（元亀三年）
八月三日　　備前守
長政　判

嶋若入
嶋四左　進之候

【『嶋記録』所収文書】

**【4】 浅井久政書状 ［　　］寺年行事御坊中（60頁）**

当城搦手に、従諸山一坊宛被立置候間、当寺儀も同前に可
被相立候、尚以急と御馳走簡要候、恐々謹言、

浅井新九郎

卯月廿四日　　久政（花押）

［　　］寺　年行事　御坊中

【浄信寺文書】

**【5】 田付直清書状 飯福寺年行事宛（60頁）**

態折紙にて令申候、仍相残懸銭野州様（浅井久政）御用之
由被仰候、早々当城出房迄御持上、可被撰渡之旨被仰出候、
則久政御墨付・赤久右（赤尾久右衛門尉）折紙両通相添置候、
恐惶謹言、

田付新右衛門尉

正月三日　　直清（花押）

飯福寺　年行事　参御坊中

【己高山中世文書】

**【6】 角田藤三郎書状 菅浦惣中宛（61頁）**

油実請取ニ可罷越候へ共、時分柄無隙候間、両人参候、被
入念早々可被渡候、於御油断者不可然候、ほし申分も能々
被入念事簡要候、将又替米御儀、大谷にて可相渡候、則両
人可被申候、同道せられ候て御請取候へく候、待申候、猶
此衆可被申候、恐々謹言、

角田藤三郎

十二月朔日　　親（花押）

管（菅）浦惣中参

【菅浦文書】

**【7】 清水吉清書状 菅浦おとな宛（61・65頁）**

（端裏ウワ書）
「謹上　すか浦おとな中　参　清水久衛門吉清」

幸便之条一筆令申候、大つくふしんの之義ついて、両人之
方より開田左十郎いを被申候へ共、壱ツ不相極候、くせ事
之様ニ候、急度御ことわり専一候、我を海津迄罷送候間、
御さう分きつと承度候、恐惶謹言、

五月十九日　　清水久衛門（花押）

【菅浦文書】

【8】 **浅井久政書状　西野弥次郎宛**（70・132頁）

今度御籠城之義、無比類御忠節候、殊更御届之段、御忠功
至候、御芳志不浅候、恐々謹言、

元亀四年
八月廿七日　　下野守
久政（花押）

西野弥次郎殿　御宿所

【西野文書】

【9】 **浅井長政書状　多賀備中守宛**（84頁）

鉄炮青鷺被懸御意候、快然之至候、誠御意懇［　　］本懐
不少候、当方ニ未及見候、別而賞翫此計候、委曲磯丹可有
伝達候、

二月十三日　　長政（花押）

多賀備中守殿　御宿所

【個人蔵文書】

【10】 **葛岡入道宗三書状　嶋秀安宛**（89頁）

今度御合戦御名誉無比類存候、我等式大慶過御察候、猶以
六郎殿様浅井自身御責候之間、大事御合戦ニ候処、数多被
打捕、殊海善雨弥討死由候、数輩手負物かちの御合戦と存
候、悉皆御手前可為御異見候、私満足無極候、仍鯛一折荒
巻御樽一荷致進上候、可然様御披露奉頼候、次貴所へ弐拾
疋進之候、恐々謹言、

正月十二日　　葛岡入道
宗三　判

若狭事
嶋四郎左衛門尉殿

【『嶋記録』所収文書】

【11】 **赤尾清綱書状　今井藤九郎等宛**（91頁）

如仰、備中守殿御身上如此成行候上者、末代於浅井家遁不
被申子細候、備前守其覚悟勿論候、就其吉田御在所へ入人
由候、不苦儀候、田那部今度之儀ニ付而、無出頭由時分柄
被申不可然由承之尤候、先刻同名九介ニ被仰越候通、遠藤
喜右衛門申聞、田那部方へ令異見旨候、其通事ニより備前
以書付可罷出候、可被申付候、各よりも尚以御届肝要候、

尤今日参可申付候、各よりも尚以御届簡要候、尤今日参可申入候、彼是不得隙候て不能其儀候、備前定而御吊ニ可被参候、内々為其御覚悟中入候、御用等切々可承候、不可存疎略候、恐惶謹言、

七月三日　　赤尾美作守
　　　　　　　清綱　判

今井藤九郎殿
今井中西殿
岩脇筑前守殿
嶋若狭入道殿
今井藤介殿
嶋四郎左衛門尉殿　御返報

【『嶋記録』所収文書】

**【12】　木下秀吉書状　徳山右宛**（126頁）

尚以、早々被仰越候、本望不少、随而合戦之絵図為御披見進之候、

此表之儀付而、早々預飛脚畏入存候、仍去六日、鎌刃表へ浅井相働候［　］即時我等懸合、及一戦切崩数多討捕、従箕浦八幡迄之間打捨不知其数候、八幡表ニて、敵返申候處を待合、三度迄［　　］追崩首を取、其外悉海へ追入、得太利候、可御心易候、将亦承候おりかみ、相調進之候尚御用等可承候、恐々謹言、

五月十一日　　木下藤吉郎
　　　　　　　　秀吉（花押）

［　　　］
徳山右［　　］
　　御報

【長浜市長浜城歴史博物館所蔵文書】

**【13】　湖北十ヶ寺「惣」書状　小松原孫三郎宛**（129頁）

法眼様御墨付［　　　　］承届候、其方之儀御静謐之由、先以難有存候、当表相替儀無之候　さりなから信長去十六日横山まで身廻まで令罷帰候、八相山・宮部ニ人数残置候、昨日廿一ニ信又八相山江罷越候、信玄近日可有御出馬候、御注進候、其儀於相違者、当表笑止ニ可相極候、其段御下知尤候、随而越州到来之兵粮米之儀、請執候、はらい先度書付進上申候、人数つもりの義被仰候へとも、応大小散在仕候間、つもり難成候、房主衆身上凡御存知之儀候間、被

思食測御下行可忝存候、昼夜之機遣御推量之外候、於向後
涯分不顧身命可抽粉骨覚悟候、万端御取成所仰候、尚御使
へ令申候、恐々謹言

（元亀三年）
九月廿二日　物㊞

小松原孫三郎殿

御返報

【湯次誓願寺文書】

【14】浅井長政書状　島秀安等宛（129頁）

其辺調儀無油断由尤肝心候、彼間之事高宮衆被相談、火急
之段専一候、当表弥堅固候、甲州信玄到遠江被出馬、大略
一篇之由候、長島江切々注進有之旨候間、其方へも定而可
相聞候、信長于今横山在城候、日々人数相透、敵陣さひし
き為体候、本意不可有程候間、是非各不可有御退屈候、尚
以高宮衆被相談、行之儀可被差急候、方々可然調略共有之
事候、即時ニ可為一途候、委脇左可申候、恐々謹言、

（元亀三年）
十月三日　長政　判

島若狭入道殿
島四郎左衛門尉殿　進之候、

【『嶋記録』所収文書】

【15】羽柴秀吉書状　矢野備後守宛（130頁）

尚以、江北小谷之儀者、存分ニ申付候条、是又可有御披
露候、

此表御出張之儀ニ付而、早々御札本望存候、今度江北浅井
為合力義景出馬候処、信長懸付、悉追崩、数多討取、直ニ
越州府中ニ至居陣候、義景も加州境大野郡迄引退候処ニ、
則生害させ申候、如此候へハ、加州之事ハ不及申、何れも
御詫言申、御免被成候、［　］共可御心安候、随而其方御
礼之事、代官ニてハ如何之候、御大儀候共、早々御参尤存
候、急候条、令省略候、恐々謹言、

八月廿二日　羽柴藤吉郎
秀吉（花押）

矢野備後守殿　御返報

【福井県立一乗谷朝倉氏遺跡博物館蔵】

**【16】　浅井長政書状　西野弥二郎宛**（132頁）

森修理亮跡、幷布施次郎右衛門跡、為配当進之候、全御知行不可有異儀、弥御粉骨肝要候、恐々謹言、

元亀四年
八月八日　　備前守
長政（花押）

西野弥二郎殿　御宿所

【西野文書】

**【17】　下坂一智書置　下坂久左衛門宛**（74・134頁）

尚々、御書共懸御目返し可給候、其方ニ御おき候ハヽ、可為曲事候、以上、

此御書ハ小谷御籠城之御時、被下候御おりかみにて候、小谷御取出之入城仕候時、被下御書にて御座候、まへかと被下御知行之御書共ハ、山崎丸より水之手へ取入之時持せ候者討死仕失、此御書ハ我等之火うち袋へ入候て相残候、山崎丸へ参候時、御加増として千石にて、御代々之御書とも遺申候間、被懸御目候て、其にても惣而之ニ候ハヽ、いそき御かへり候へく候、此方御所様御改にて我等気遣申候、以上、

三月十四日　　下坂一智入（花押）

下坂久左衛門　まいる

【下坂文書】

**【18】　浅井長政書状　下坂四郎三郎宛**（74頁）

御在所公文職、河毛次郎左衛門尉知行分、渡進之候、此方御届御忠節之至返謝候、弥御粉骨管用候、猶以不可有異儀候、恐々謹言、

元亀参
五月十七日　　浅井備前守
長政（花押）

下坂四郎三郎殿　御宿所

【下坂文書】

**【19】　浅井長政書状　渡辺周防守宛**（179頁）

去六月廿八日、於辰鼻表合戦之刻、御一家衆歴々御粉骨、無比類次第、此表本意候、弥於御忠節者、聊不可存疎意候、委曲阿閉万五郎尉可申述候、恐々謹言、

以上、

元亀元年
八月五日　　長政（花押）

渡辺周防守殿　御宿所

【南部文書】

**【20】浅井長政書状　小之江彦六尉　御宿所宛**（179頁）

去六月廿八日、於辰鼻表合戦之刻、御粉骨無比類次第、此
表本意候、弥於御忠節者、聊不可疎意候、委曲阿閉万五郎
尉・渡辺周防守可申述候、恐々謹言、

元亀元年
八月五日　　長政（花押）

小之江彦六尉殿　御宿所

【小江神社文書】

**【21】浅井長政書状　阿閉甲斐守宛**（180頁）

去六月廿八日、於辰鼻表合戦之刻、御息五郎右衛門尉を始、
御家中衆歴々討死之段、別御忠節無比類次第候、此表本意
之上、一廉可申付候、聊不可有疎意候、跡目之儀、即取立
候而、弥御粉骨簡要候、委曲北庄又左衛門尉可申候、恐々
謹言、

元亀弐
五月五日　　長政（花押）

阿閉甲斐守殿　御宿所

【長浜市長浜城歴史博物館蔵】

**【22】磯野員昌書状　島新右衛門尉宛**（180頁）

今度於野村河原合戦之時、為被手砕働、忠節不及是非候、
仍法勝寺十五条公文名五十石、南郡供米三分一申付候、全
不可有異儀候、恐々謹言、

永禄十三年　　丹波守
七月十日　　員昌（花押）

島新右衛門尉殿　進之候

【『嶋記録』所収文書】

**【23】　磯野員昌書状　雨森藤六宛**（180頁）

御舎兄次右衛門殿、於野村表御討死剋、貴所御働太刀被疵数ヶ所、無比類御高名候、彼跡目之儀、無退転様御馳走肝要候、御知行内五分一貴所可有御取候、其外者御舎兄可為御才判候、爰元於一途者、一廉可申談候、就其與三殿跡職儀御相続旨、従是長政前申究可進候、弥御粉骨肝要候、恐々謹言、

元亀元年　　　　　　　　丹波守
九月五日　　　　　　　　員昌（花押）

雨森菅六殿　御宿所

【松江「雨森文書」】

# 参考文献（基本的には、本文への引用順にならべた）


【全般】

東浅井郡教育会『東浅井郡志』（一九二七年）

滋賀県教育委員会『滋賀県中世城郭分布調査』7（一九〇〇年、『嶋記録』は本書と小和田哲男『戦国史叢書6　近江浅井氏』第一章参考文献に全文掲載されている）

長浜市長浜城歴史博物館『戦国大名浅井氏と北近江』（サンライズ出版、二〇〇八年）

小和田哲男『浅井長政のすべて』（新人物往来社、二〇〇八年）

木村重治『復刻　浅井三代記』（二〇一〇年）

一　戦国大名浅井氏の歴史

小和田哲男『戦国史叢書6　近江浅井氏』（新人物往来社、一九七三年）

小和田哲男『近江浅井氏の研究』（清文堂出版、二〇〇五年）

小和田哲男『歴史ドラマと時代考証』（中経文庫、二〇一〇年）

宮島敬一『浅井氏三代』（吉川弘文館、二〇〇八年）

高橋昌明「江北の戦国政治史―浅井と京極―」（滋賀県教育委員会『滋賀県中世城郭分布調査』7、一九九〇年）

佐藤圭「朝倉氏と近隣大名の関係について」（『福井県史研究』14、一九九六年）

甲良町史編纂委員会『甲良町史』（一九八四年）

奥野高広「織田信長と浅井長政との握手」（『日本歴史』二四八、一九六九年）

二　浅井長政の居城・小谷城

北村圭弘「浅井氏の権力と小谷城の構造」（滋賀県立安土城考古博物館『紀要』11、二〇〇三年）

小島道裕『城と城下』（新人物往来社、一九九七年）

北村圭弘「小谷城下町の形成過程」（滋賀県立安土城考古博物館『紀要』10、二〇〇二年）

中井均「近江の城」（サンライズ出版、一九九七年）

谷口徹「小谷城の絵図」（彦根城博物館「研究紀要」9、一九九八年）

三　浅井長政と家臣・寺院

森岡榮一「羽柴於次秀勝について」（『市立長浜城歴史博物館年報』一、一九八七年）

柏原祐泉『真宗史仏教史の研究』Ⅰ　親鸞・中世篇（平楽寺

書店、一九九五年）
特別展「湖北真宗の至宝と文化」（特別展「湖北真宗の至宝と文化」実行委員会、二〇一一年）
上場顕雄「本願寺東西分派史論―黒幕の存在―」（大阪真宗史研究会『真宗教団の構造と地域社会』（清文堂、二〇〇五年）
廣瀬良弘「曹洞禅僧・禅寺の授戒会活動―近江・美濃地域を中心に―」（『駒沢史学』74、二〇一〇年）

**四　浅井長政と元亀争乱**

谷口克広『戦争の日本史13　信長の天下布武への道』（吉川弘文館、二〇〇六年）
柴辻俊六『信玄の戦略』（中公新書、二〇〇六年）

**五　姉川合戦**

長浜市教育委員会『詳細遺跡分布調査報告書　横山古墳群横山城跡及び関連砦』（二〇〇三年）
藤本正行『信長の戦国軍事学』（ＪＩＣＣ出版、一九九三年）
河合秀郎「新説・姉川合戦」（同『日本戦史　戦国編』学研Ｍ文庫、二〇〇一年）
今谷明「山門焼き打ち」（『新修大津市史』三、一五七〇年）
桐野作人『織田信長』（新人物往来社、二〇一一年）
長浜市教育委員会『三田村氏館跡総合調査報告書』（二〇〇七年）
高橋修『図説　戦国合戦図屛風』（学研・歴史群像シリーズ特別編集、二〇〇四年）
西島太郎「松江藩士雨森家の残した文書群」（『松江歴史館研究紀要』1、二〇一一年）

## お世話になった方々（五十音順、敬称略）

石川武美記念図書館　成簣堂文庫
小谷城址保勝会
柿見富雄
北村圭弘
五先賢の館
滋賀県教育委員会
滋賀県立安土城考古博物館
実宰院（長浜市）
誓願寺（長浜市）
辻村耕司
徳勝寺（長浜市）
長浜市長浜城歴史博物館
長浜み〜な協会
西島太郎
福井県立歴史博物館

■著者略歴

**太田浩司（おおた・ひろし）**

1961年東京に生まれる。1986年明治大学大学院文学研究科（史学専攻）博士前期（修士）課程修了。長浜市長浜城歴史博物館々長などを経て、現在は淡海歴史文化研究所々長。特別企画「一豊と秀吉が駆けた時代―夫人が支えた戦国史―」、「戦国大名浅井氏と北近江―浅井三代から三姉妹へ」、「秀吉を支えた武将　田中吉政」、「江～姫たちの戦国～」などを始め、多くの展覧会を手がけ、近江の歴史に関する研究、論文など、多岐にわたり活躍。2011年 NHK 大河ドラマ「江～姫たちの戦国～」の時代考証スタッフもつとめる。

［主な著書と論文］淡海文庫22『テクノクラート小堀遠州―近江が生んだ才能』2002、淡海文庫44『近江が生んだ知将　石田三成』2009、淡海文庫61『近世の扉を開いた羽柴秀吉　長浜城主としての偉業を読む』2018、『北近江地名考　土地に息づく歴史』2022、いずれもサンライズ出版。その他著書・共著多数。

増補版

**浅井長政と姉川合戦―その繁栄と滅亡への軌跡―**　淡海(おうみ)文庫46

2023年９月20日　第１刷発行　N.D.C.210

著　者　太田浩司

発行者　岩根　順子

発行所　サンライズ出版株式会社

〒522-0004 滋賀県彦根市鳥居本町655-1

電話 0749-22-0627

印刷・製本　サンライズ出版



ISBN978-4-88325-797-3　Printed in Japan　定価はカバーに表示しています。

# 淡海文庫について

「近江」とは大和の都に近い大きな淡水の海という意味の「近(ちかつ)淡海」から転化したもので、その名称は「古事記」にみられます。今、私たちの住むこの土地の文化を語るとき、京都を意識した「近江」でなく、独自な「淡海」の文化を考えようとする機運があります。

これは、まさに滋賀の熱きメッセージを、自分の言葉で内外へ伝えようとするものであると思います。

豊かな自然の中での生活、先人たちが築いてきた質の高い伝統や文化を、今の時代に生きるわたしたちの言葉で語り、新しい価値を生み出し、次の世代へ引き継いでいくことを目指し、感動を形に、そして、さらに新たな感動を創りだしていくことを目的として「淡海文庫」の刊行を企画しました。

自然の恵みに感謝し、築き上げられてきた歴史や伝統文化をみつめつつ、今日の湖国を考え、新しい明日の文化を創るための展開が生まれることを願って一冊一冊を丹念に編んでいきたいと思います。

一九九四年四月一日